陳靜宜◎著

臺味
——從番薯糜到紅蟳米糕

【前言】

臺菜的尋根之旅

到了臺菜餐廳翻開菜單，看到琳瑯滿目的菜名，你知道這些菜與臺灣有何連結嗎？這些菜多半不是臺灣原創，卻在臺灣有了自己的生命。

很多菜都是這樣的：海南雞飯從中國傳到了新加坡，經文華酒店名廚改良，成了到新加坡必吃名菜。傳說馬可波羅把中國麵條帶回了義大利，現在幾乎世界各地都認識義大利麵。源自於法國布列塔尼的croquette，傳到日本後成為知名的「可樂餅」；葡萄牙人把蛋塔帶到了澳門，現在所有到澳門的遊客，沒有人不吃個瑪嘉烈或安德魯蛋塔再走的。

食物是流動的，菜色也是流動的，隨著時空更替而有了不同版本。移動它的是人，看到了誰的手上，就用自己的方式出牌。

臺灣因為疆域不大，加上氣候變化不明顯，飲食未有鮮明差異，臺北吃得到臭豆腐，臺南、高雄也吃得到，幾乎每個夜市攤子都差不多。但細看仍有不同之處，這也就是看門道的部分了。

濁水溪是臺灣最長的河川，它恰巧位於臺灣中部，因此多數人會以濁水溪將臺灣一劃為二，以北稱為「北部」、以南稱為「南部」，這是地理上很巧妙的分界，其分野與北回歸線的分界相差不遠。北回歸線同樣橫切臺灣為南北兩半，北部屬副熱帶季風氣候，南部則為熱帶季風氣候。更精準地說，臺灣中間有南北縱貫的中央山脈，因此中央山脈以西稱為西部、以東稱為東部，花蓮、臺東即使位於濁水溪以南，也不算南部，而被歸類為「東部」。

「南部」泛指濁水溪以南、中央山脈以西的區塊，「北部」則指濁水溪以北到基隆以南。簡單來說，這南部與北部的定義，就是愛比較的西部人搞出來的，聽起來似乎有些複雜，不過這關係到之後會提到的「南部人」與「北部人」，因此在此特具說明。

這樣的分界經過時間與人文的更迭，慢慢出現了鮮明的區隔，

當然，雙方在飲食上也出現了一些差異性。以番茄來說，一般家庭式吃法是將番茄由中間劃開並塞入話梅，邊吃邊吸吮。而當小番茄出現後，半個銅板大的化核應子、青芒果，就成了夾番茄的基本配備。不過說到黑柿番茄，南北兩地就有所不同，北部人認為是水果，南部人認為是蔬菜；北部人沾糖粉或甘草粉吃，南部人沾醬油膏與薑末吃。

為什麼南部人會有這樣的吃法？番茄盛產於嘉南平原，其中以嘉義新港為最大產區，臺南、高雄、屏東也有種植。早期番茄是南部人餐桌上一道很普遍的菜，尤其是黑柿番茄，皮偏綠且厚硬。在正餐時吃，為了要能夠下飯，所以會以帶有鹹味的醬油膏沾食；為了要開胃，所以拌入薑末。

把小瓷碟內的醬油膏與薑末拌勻，就能用來沾番茄吃，吃起來酸甜鹹甘，既爽口又開胃。後來慢慢演變成冰果室的一道水果切盤，即使是制式化規格，有心的店家還是會把現成醬油膏加工調配出自己的味道，或是摻入甘草粉或細糖。我還記得小時候很心急，甘草粉拌醬油膏經常拌不勻，總會凝結成大小不一的粉球，後來不管了，就這樣沾著吃；重點好像不是吃番茄沾醬，而是為醬吃番茄。

黑柿番茄因外皮偏厚硬，因此店家多供應鐵叉給顧客。現在其他地方的冰果室也開始流行起南部的「番茄切盤」，但有些店家使用的卻非黑柿番茄，醬料比例也不對，還提供竹叉。竹叉不但無法好好叉起番茄，還會弄得番茄橫屍遍野、肚破腸流，更糟的是，少了吃番茄切盤的樂趣。

再舉竹筍為例，臺灣的綠竹筍清甜又多汁，讓日本米其林三星名廚神田裕行大讚口感像水梨，另一名廚小山裕久也在臺灣客座時，忍不住將在地竹筍入菜。

臺灣人愛把綠竹筍汆燙後去殼，不加任何工序，直接切塊食用。而光是沾醬，南北兩地就不盡相同，北部人沾醬油膏，南部人沾蒜蓉醬油。七十二歲的基隆人曹喜美回憶童年，「竹筍汆燙後切薄片，上面撒點鹽巴再淋上醬油膏。」臺南度小月第四代傳人洪秀宏則說小時候吃到的竹筍是沾蒜蓉醬油。

後來，酸酸甜甜的美乃滋開始大流行，一開始還是蒜蓉醬油與美乃滋「雙碟並行制」。這是一道分享菜，按個人喜好任選沾醬。不過後來美乃滋一舉打敗了古早味，成為各店家汆燙綠竹筍的基本配備，盛盤時還會在竹筍塊上淋上交錯網狀的美乃滋。

美乃滋源自歐洲的Mayonnaise，再從日本傳到臺灣來，日本人

稱為「マヨネーズ」，在臺灣年紀稍長者說到美乃滋，都會日語發音，而非現在統稱的「美乃滋」。美乃滋原是一種法式醬汁，有一說更早是來自地中海西班牙的馬略卡島（Mallorca），後來才傳到法國。此醬是一種利用白醋與油所打發的醬汁，一直到一九二五年發明了可以快速大量打發美乃滋的機器，才使得美乃滋得以普遍販售。日本第一個美乃滋品牌，就是連臺灣人都聽過的「キューピー」（Q比）。

話說回來，臺灣大流行的美乃滋也不是日式偏酸的Q比，而是一小包塑膠袋、上頭綁著紅色橡皮筋、使用時將塑膠袋邊角剪個小洞再用力擠出的偏甜美乃滋。南北兩地對於美乃滋的稱呼也不同，北部人說「美乃滋」，南部人則叫「白醋」，「要不要來個白醋筍？」就是說「要不要來個美乃滋搭綠竹筍？」

這趟在追尋食物的過程中，發現許多食物也離不開醬料，醬料跟食物的交情濃厚，少了海山醬、蒜蓉醬、醬油膏，許多食物就少了臺灣味。

還有很多南北兩地在飲食上的微妙不同，例如小菜切盤，南部人叫「醃腸熟肉」，北部人叫「黑白切」；南部人吃「擔仔麵」，北部人吃「切仔麵」；講到削鳳梨，南部人稱「剖旺來」，北部人說「削旺來」。想瞭解臺灣飲食之謎，得先瞭解臺灣母語才得以一窺堂奧。

《慢食新世界》一書提到：「食品是在地表上看得到的，就是我們每天放在盤子上、最常討論的產品；而根源是在地下，盤根錯節、分布很廣，指的是我們盤子裡的食物如何被製造出來的過程。食物是一個地區的產物，代表了發生在那塊土地上的人、事、物及其歷史。」

餐盤上的臺菜，我們已經談了很多，沿著底下的根尋覓，根是臺灣母語河洛語；根連繫著這一代、上一代，甚至更久以前的生活方式；根指向我們與這塊土地的關係；根也串連著你與我。沒有這些根脈，我們永遠就只是浮萍罷了。

〔致謝〕

本書得以完成，要感謝黃德興、黃德忠、蔡金川、姚成璋、鄭慧正、謝和江、李明穎、楊冬寧、涂靖岳、吳明潔、鄭丞堯、陳進萬、黃麗娟、林祺豐、鍾坤志、曹銘宗、陳玉箴、林世明、張玉欣等人的無私協助，協助採訪、示範的餐廳業者們，還有這段時間不斷包容與鼓勵我的朋友們。

目次

【輯二】聽歷史說臺菜

輯一

吃臺菜說歷史

番薯糜

臺灣最獨特的主食

到了臺菜餐廳，無論點了菜單上的甚麼，服務人員總還是會問：「要糜還是番薯糜？」通常你會聽到這樣的回答：「當然是番薯糜。」

糜，家家戶戶都吃得到，哪需上館子吃？但番薯糜不同，走過了許多國家與城市，到目前為止，還未發現有地方跟臺灣一樣，對番薯糜有如此深刻的情懷與記憶。這是臺灣人最獨特的主食，其中還藏了許多歷史符號在裡面。

「番薯糜」是早年台灣人的早餐，當時糜加入番薯，是因為白米嚴重缺乏，台灣東西部都產稻，一年還二期，怎可能會沒米？原來是戰後國民政府統治初期，米、糖、鹽、煤四大物資多用來支援國共內戰前線軍備，因而十分昂貴，只好加入番薯充數，也有人說更早在日治時代就開始吃番薯糜。

不僅閩南人，客家人對番薯也有類似的記憶。客家人勞務粗重，早餐少吃糜而多吃乾飯，但也少不了番薯。今年六十七歲的「六堆」客家人鍾招松說：「原本是放番薯塊摻飯，但小孩子不愛吃番薯，經常會只盛飯而把番薯撥到一旁去，因此才改成用『菜剉』剉番薯籤，樣子跟豆芽菜差不多，加入白米裡一起煮成了番薯籤飯，全混在一起就不用爭了，人人有獎。」

然而，現代社會生活步調快，已經少見早餐吃番薯糜的家庭，小孩、大人都忙，大家連好好吃一碗糜的時間都沒有了。

黃金二十分鐘

番薯與白米煮出來的「番薯糜」是有生命的。這件事對出生自一九五〇年代前後的人來說或許不是秘密，但對七〇年代以後的人來說卻非常神奇。糜不是趁熱吃最好嗎？事實上正好相反，剛煮好的番薯糜最難吃，燜上半小時到五十分鐘之間才是最美味，超過一小時後的糜會變成「洘」（讀音kho，黏稠之意），一般俗稱「洘頭糜」，這時的糜就算是死亡了。

糜剛煮好時是滾燙的，飯粒已熟，但還有明顯顆粒感，米芯還有些粗硬，飯粒與泔（讀音am，代表粥汁）是各自分開的，一時之間還無法入口，只能撥上層或靠近碗緣的糜吃，因為這些部位與外界冷空氣接觸，比較容易變涼。或許你我都有過這樣的經驗，上學快遲到了，但糜還是滾燙的，只好夾菜放到糜裡胡亂攪拌，企圖讓糜可以快點降溫；或為了等糜稍微降溫，沒事便多夾些菜吃，結果吃的菜比糜還多，俗語「燒糜傷重菜」，就是這個意思。

糜煮好，熄火燜十五分鐘，飯粒逐漸變軟、泔也漸稠；半小時後，米湯滲入了番薯香甜，番薯上也覆蓋一層晶瑩的泔膜，兩者達到水乳交融階段，才是番薯糜最美味的黃金時刻，還能吃到番薯裡的栗香，真是幸福啊！

可是等過了一小時不吃，泔便已消失，飯粒吸飽泔而脹得鼓鼓的，整鍋糜冷卻如爛泥巴般，一舀起來，糜巴著湯杓不放，得朝碗緣「叩叩叩」地敲敲甩甩才得以崩塌落下。這也就是為什麼范仲淹在天寒地凍苦讀時，能把原本的糊粥像餅一樣切成四份、一餐吃一份的緣故了。

於是，蓋上鍋蓋燜半小時

【吃臺菜，學俚語】時到時擔當，無米煮番薯湯。

的「熟度」最適宜食用，若家中小孩七點半要出門上學，母親就要六點起床煮糜，煮至六點半，燜至七點再開動。總之，在以糜當早餐的年代，有人願意天冷早起為你備糜，就是一種奢侈的幸福。

糜一旦過時成了冷粥，一般家庭在這時會添點水加熱繼續煮，總還是湊合著吃；但在大飯店裡，便視此鍋番薯糜已死，「再煮米都開花了，得整鍋倒掉才行。」臺北福華飯店蓬萊邨主廚王哲文說。在飯店，有專人專司煮番薯糜，每次只依照每桌人數專煮一鍋，十分看重這道料理。

番薯糜也因為可食用的時效短，更需要拿捏份量與速度。番薯糜最難在於米芯要透且番薯要熟，一般家庭煮番薯糜的份量少，往往糜熟了、番薯未熟，或者番薯熟了，糜卻煮糊了。家庭主婦為了兩全其美，只好把番薯切成小塊以加快變熟，卻失去番薯塊所凝聚的香度與口感，好像總不能兩全其美。該怎麼辦呢？難道要先將番薯蒸半熟再放入糜裡嗎？不用這麼麻煩，在本書的食譜中，王哲文會教大家怎麼做。

番薯要比品種、比大小

如今想在臺北吃一碗「像

樣的」番薯糜可不容易，首先要到臺菜餐廳，海鮮餐廳多半不提供，如臺北頂鮮一〇一便吃不到。目前有提供番薯糜的飯店有臺北兄弟蘭花廳、臺北福華蓬萊邨與高雄漢來福園，餐廳則有欣葉、青葉、梅子、甲天下等。

別小看番薯糜，吃番薯糜還要挑對時節，並非一年四季味道都一致。番薯雖然一年四季都有，不過以十月到隔年四月的品質最佳。雲林縣水林鄉第二代番薯農郭明豪說，番薯最怕雨季跟燠熱，四月過後天氣變熱，梅雨季節接著來臨，有時吃到的番薯有很多纖維，就因為是在雨季過後收成所致。換句話說，入秋後是吃番薯糜最好的時機，以後想到要吃螃蟹時，不妨也順便吃一下番薯糜吧！

臺灣番薯的知名產地不少，新北市金山區以臺農六十六號紅心番薯聞名，南投縣竹山鎮生產的臺農六十四號番薯，傳說清朝嘉慶君遊臺灣時，對這小紅薯讚不絕口，因而讓竹山番薯一紅就紅了數百年。竹山番薯產銷班班長楊錦堂說，把煮熟的番薯加入牛奶、放入果汁機內打，喝起來口感不輸木瓜牛奶，而且還更養生。雲林縣水林鄉的臺農五十七號番薯則是口感綿細，幾乎吃不到絲，為後起之秀。

番薯也吃名氣，水林早年就像是竹山的「OEM廠」，因為竹山番薯名氣大，於是水林人會把種好的番薯挑去賣給竹山人，讓竹山人再賣給消費者，賺上一筆。「每次想到都很嘔，消費者吃的明明是水林番薯，被讚美的卻是竹山番薯。」聽到這，楊錦堂可不依，他說其他縣市的人把番薯挑到竹山賣，是占了竹山人便宜。

總之，這幾年水林也開始積極行銷自家品牌，逐漸打開知名度。「最近有一次到南部賣場，還遇到老闆標榜賣的番薯是來自水林。」郭明豪驕傲地說。

除了番薯有品種之分外，各家餐廳的番薯糜口味也不盡相

【吃臺菜，學俚語】偷割稻，捨施糜。

同，否則前行政院秘書長薛香川的九十多歲岳父，也不會特別指定父親節要吃臺北福華的番薯糜了[1]。臺北福華堅持用臺農五十七號，就是我們常見的黃番薯，優點是口感好，帶有栗香味，但容易受產季限制而品質不穩。青葉餐廳按照時節與產地狀況，有時會改用臺農六十六號，也就是俗稱的「紅心番薯」。紅橙橙的果肉，口感鬆軟、甜度高，但不見得適合用來煮番薯糜，因為在煮糜的過程中容易散開，會把整鍋糜弄得黃澄澄的，而且也太甜了，在搭配醬菜時易受干擾。

有些店家會把番薯切成如豆腐塊大小，這是為什麼呢？第一是省時間、省瓦斯，可以快一點熟；第二是可以讓份量看起來比較多。但這麼做吃起來就少了口感，就像蘋果為什麼越大越貴？除了賣相好之外，口感也是重要因素，促銷蘋果的廣告片裡不都是找來牙齒漂亮的模特兒將蘋果大口咬下嗎？臺語說吃起來較「飽嘴」，就是這個意思。吃番薯最期待的就是咬下時，栗子與蜜糖香瞬間從口縫中散發出來的那一刻。這老實的番薯竟能辦到如此艱難的事，真教人感動啊！

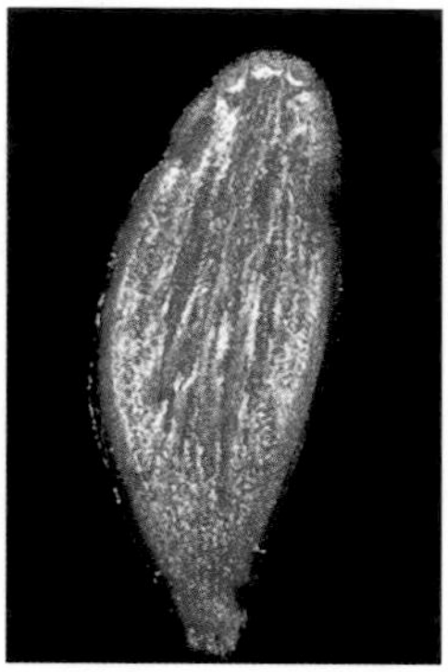

圖片提供／《看見看不見的空間》鄭慧正

臺灣人就是番薯仔

番薯對臺灣人來說，不只是

食物那麼單純，還有著許多深層意義。番薯特性是無論在任何貧脊土壤裡幾乎都能生長，這種不畏環境險惡，仍能向下扎根生存的旺盛生命力，經常被拿來當作臺灣人的象徵。

我的朋友鄭慧正醫師，將原本用來拍攝人體器官的造影工具，拿來拍攝番薯，結果顯示出來的影像就像臺灣的輪廓，讓許多人誤以為是臺灣的X光照，臺灣就是番薯的證明不言可喻。

經常聽到有人會用「番薯仔」稱土生土長的本省人，而「老芋仔」則用來稱一九四九年以後來臺的外省男性軍人，外省女性則被稱為「外省婆仔」。臺灣人自稱為「番薯仔」始自日治時代，二次大戰期間，有二十萬以上的臺灣人被強迫充當日本軍伕和士兵去南洋和中國打仗，一些身不由己、混在其中的臺籍日本兵，就會用「番薯仔」來表明自己身分。

一九六〇年以後，同樣在軍中，為了區分與「番薯仔」身分不同，便開始稱外省士兵為「芋仔」，只是芋仔們隨著光陰漸漸老去，年紀大就被稱為「老芋仔」了[2]。

番薯、芋仔也經常被用來當作政治語言，當年陳水扁的競選歌曲「臺灣人番薯仔囝（kian）」（詞曲／沈懷一）就唱道：「臺灣人臺灣人，番薯仔囝番薯仔囝，咱攏是正港的臺灣囝（gin）仔。」在這種激情催化下，讓他贏得了不少選票。臺語歌星蔡振南的「母親的名叫臺灣」，歌詞裡也提到「兩千萬粒的番薯仔囝，未凍叫出母親的名」，「番薯仔囝」便是指當時人口數兩千萬的臺灣人。

「番薯」與「芋頭」各代表本省與外省族群，而外省人與本省人生下的孩子，就被稱為「芋仔番薯」。但真有番薯品種叫「芋仔番薯」，全年都吃得到，紫皮紫肉的為中南部栽種，白皮紫肉的則為東部栽種，口感十分細緻，甜度不減，因為顏色鮮

【吃臺菜，學俚語】菱角喙，無食喘大喟。

豔，通常用來做冷盤或油炸類甜點，沒人會用來煮粥。二〇〇〇年的總統就職國宴中，就有一道菜叫「芋薯鬆糕」，暗喻的就是本省（番薯）與外省（芋頭）族群的融合。

不同時代的番薯糜

經過了物資缺乏的時代，番薯糜存在的意義也隨之改變。臺北六〇年代興起許多舞廳、歌廳和夜總會，當時酒客在舞廳跳完舞後，便會帶舞小姐出場到歌廳吃宵夜，這時時間已晚，不宜大魚大肉，因此便成了臺上有歌手唱歌，臺下則是一桌桌紅男綠女吃番薯糜配醬瓜、紅燒肉的畫面。太原路與華陰街口的金龍大酒店、圓環的國聲酒店與民權東路的豪華酒店，都是這類營業晚上九點到半夜兩點的宵夜場子。當時生活經濟條件已經改變，番薯糜已非貧苦人家的早點，而是臺菜的代表。

歌廳沒落後，番薯糜很快在臺北市復興南路上重新找到舞臺。一九九〇年臺灣股市站上一萬兩千點，幾乎所有人都沉浸在這瘋狂的空氣中，當時甚至流傳一個笑話，如有兩個人相遇，其中一人問：「現在幾點？」對方便會回答：「一萬點。」在此氛圍下，正是復興南路的清粥小菜店盛起之時，當時拚酒文化盛

行，許多人在大魚大肉的晚宴後還會想找地方續攤，而清粥小菜便成了首選。

這時，一家全天候營業的「可口美」小吃店成了街上的當紅炸子雞，四周店家見狀，也紛紛起而效仿，小李子、無名子、永和稀飯等接著開，逐漸成為吃糜最方便的地方，人稱「稀飯街」，全盛時期甚至出現路邊三排停車的畫面（並排停車就已令人髮指了）！

這裡的點菜方式是白糜、番薯糜擇一鍋，其餘小菜採自助式，有麵筋、花瓜、魩仔魚、荷包蛋、鹹鴨蛋、皮蛋豆腐等數十種醬鹹與配菜。然而，當景氣衰退後，稀飯街也盛況不再了。

歷經大起大落，番薯糜在時代中仍能安身立命，並且怡然自得。過去的人為了擔心家中孩童挑嘴，光吃白飯不吃番薯，還得處心積慮把飯與番薯細摻在一塊。今年五十六歲的王哲文做菜幾十年，每天要看不知道多少次的番薯糜，但一回想起五十年前的番薯糜仍心懷恐懼，至今他寧可單吃糜或單吃番薯，也不再吃番薯糜。不只是他，許多那個年代的人都有相同心情——關於窮困的嫌惡與恐怖記憶。

但令人意想不到的是，現代醫學標榜番薯纖維多、利於排便，一鍋番薯糜，反倒是番薯搶先被舀光，獨留一鍋空蕩蕩的白粥，也不禁讓畏懼吃番薯糜的王哲文感慨中帶著錯愕：「想不到數十年光陰流轉，許多事就這麼倒了過來。」

菜脯蛋

臺灣最重要的家常菜

二〇〇七年經濟部辦了一場「外國人臺灣美食排行No. 1票選活動」，最後榮登臺灣桌菜第一名的，即是菜脯蛋。

臺菜餐廳的菜單上一定會有菜脯蛋這道菜，如果沒有，你大可直接把菜單闔上走人，店家可是連吭都不敢吭一聲。無論中西料理，都少不了以蛋作為食材，但只有臺菜餐廳會有專屬編制，專人負責做菜脯蛋，也因此才能夠讓菜脯蛋的名氣多年不墜，贏得「臺灣披薩」之稱。

菜脯蛋是臺灣很普遍的家常菜，在閩南或客家料理中都可見到。菜脯蛋跟番薯糜就同於燒餅跟油條，兩者分不開，糜濕滑而菜脯蛋煎得偏乾，少了誰就少了一味。菜脯蛋作法簡單，陽春版的是打散的蛋混合蘿蔔乾丁與蔥花乾煎，這端看做菜者的心情，心情好時，煎出來的蛋形邊緣整齊、圓滑又漂亮；但一大早要起床做菜心情往往不會太好，因此大部分呈扁平、不規則狀，更糟的就是焦焦髒髒的醜樣子。

菜脯蛋講究的是蛋外酥內嫩、菜脯要分布均勻且香脆，還要保有蔥花清香，外型要圓且厚，菜脯不外露、表面平整光滑，吃起來不油不膩，才算合格。事實上，一般臺菜餐廳並不喜歡客人點這道菜，因為菜脯蛋製作費時、利潤又低。但梅子餐廳則是例外，一支豬腳要價八十元，一份菜脯蛋卻要一百七十元。

一雙筷子的工夫

到日本壽司店用餐，許多人若想試試店家的功力如何，先點的不是握壽司，而是玉子燒。玉子燒是一家壽司店的基本功，如果基本功不行，接下來就不用點太貴的魚材，以免傷荷包。

玉子燒用一雙筷子便能做出來，而且日本師傅強調：「沒有四、五年是練不出來的。」這所謂的練，是指每次完成品的品質都能維持在一定的水準。說到玉子燒，關東與關西作法也有不同，關東的玉子燒偏甜，會加入砂糖來表現出甜味，但不加高湯；關西玉子燒則會加入柴魚高湯，呈現濕潤帶汁的口感。當然，加入越多高湯，想要使其保持層次分明的堆疊感也就難度越高，這就是玉子燒的學問了。

而菜脯蛋同樣也是學問，一家臺菜餐廳如果菜脯蛋做不好，後面的大菜也就不用太期待了。菜脯蛋也是用一雙筷子就可以做出來，青葉與欣葉餐廳都有專人專職於菜脯蛋，煎不出好的菜脯蛋，就等於沒拿到臺菜師傅的入場券。

後來，一些臺菜餐廳為了讓菜脯蛋這道家常菜上得了枱面，開始試著讓菜脯蛋升級，演變成正圓形、立體的厚片烘蛋，這不僅考驗師傅手藝，還包括餐廳老闆對這道菜的重視。

職業級的菜脯蛋做起來並不容易，至少要煎上百個才有可能到達一定水準，不過一般家庭怎可能天天吃菜脯蛋，還包括要吃下失敗的呢？因此職業版與家庭版的水準自此涇渭分明了。

而老一輩的人還是念舊，據了解，雖然臺北福華飯店有披薩款的菜脯蛋，但已逝的福華飯店創辦人廖欽福每次到飯店用餐，仍指明要吃有媽媽味道的陽春型菜脯蛋。這讓我想到曾在報上看過一篇文章：「在那物資貧乏的年代（一九五〇年代），飯盒裡最常帶的菜餚是菜脯蛋，因為它夠香夠鹹，很下飯。只是菜脯總是被放得太多了，以致無法煎成完整的片狀，而散成碎塊。」[3]這句話道盡了那年代在食材上的捉襟見肘。

菜脯與蛋

臺菜的菜名很直接，往往食材即菜名，一目瞭然，如：「紅蟳・米糕」、「鳳梨・苦瓜・雞」、「菜脯・蛋」，因此即使看百年前的臺菜菜單，也能多少猜到幾分。

菜脯蛋便是菜脯與蛋的組合，閩南語習慣稱蘿蔔為「菜

頭」，「脯」是乾的、脫水的意思，因此蘿蔔乾便稱為「菜脯」。菜脯蛋是一道臺菜，也是一道母親的菜，海外遊子吃到這道菜，沒有不掉淚的。它早年出現在早餐桌上、便當盒內，以及清粥小菜店、臺菜餐廳，甚至至今連超商的微波便當裡也見得到。

不只是菜脯，在沒有花樣百出的禮品年代裡，食物就代表不同意涵的禮物。尤其是蛋，若吃到白煮蛋，就代表「生日快樂」；若便當裡有荷包蛋，就代表母親獎勵孩子考試考一百分；若生病了，就會吃到魩仔魚粥外加蛋花。好友陳建源說，祖母會把煮剩的少許麻油雞湯另外盛起，加入一顆帶有焦香味的荷包蛋同煮，湯汁就用來拌飯，蛋便會吸入麻油與薑香。在花蓮冬天東北季風來襲時，一吃，全身都暖和了起來。

十五、十七！菜脯蛋術語

一般廚師要做菜脯蛋做得上手，也要花一年以上。以青葉餐廳規定，要在一分二十秒內完成才算合格，全程只靠一雙筷子，經過熟練的甩鍋技巧，至少要四次以上的翻面才能使其完熟；而達到登峰造極階段的人，甚至只要三十秒就能完成一個菜脯蛋。

每家臺菜餐廳的菜脯蛋都不太一樣，通常蛋越多製作難度越高。甲天下餐廳一般小份的是兩顆蛋，能用到三顆蛋已經是職業級水準，四顆蛋拿捏掌控更難，五顆蛋則是業界少見。福華蓬萊邨使用三顆蛋，厚度二．五公分、直徑十二公分。這麼少的蛋量，卻能達到如此厚度，非常不簡單。

欣葉餐廳也用三顆蛋，特別講究圓度與均高，以「十五」、「十七」術語稱之，例如「這個菜脯蛋十五、那個差不多十七。」外行人聽得一頭霧水，還有人猜是指直徑。答案揭曉，十五、十七是指圓度，十五指的是如八月十五的月亮那麼圓，

【吃臺菜，學俚語】毋相棄嫌，菜脯根罔咬鹹。

十七就代表差了一點。厚度則無嚴格限制，但整份要如同蛋糕般高度均一，不可塌陷或中央高、四邊低。

我在兄弟飯店吃到的菜脯蛋雖圓，但薄如蔥油餅；而在梅子餐廳則吃到中央厚而邊緣薄的菜脯蛋，雖然功力比不上名家，但口感較濕潤帶汁，內涵上有加分。

按照青葉的標準，必須使用高難度的五顆蛋，厚度二公分、直徑十六公分，表面正圓形且光滑不能有破損、菜脯粒粒分明、分配均勻且不能沉至底層，外皮香酥，內層柔嫩，菜脯略帶甜味且不帶濕氣，是我目前所見業界最大的菜脯蛋了。

出生自臺東卑南族的李漢斌，不像一般閩南人對菜脯蛋司空見慣，童年時的他對菜脯蛋完全一無所悉，後來遠離家鄉外出半工半讀時，第一次在員工餐裡吃到菜脯蛋，他還問別人：「這個吃起來脆脆的是什麼？」師傅回答他：「傻孩子，那是菜脯蛋。」

畢業後，他到青葉餐廳面試，主考官就要他煎菜脯蛋。他放下了心上大石頭，心想自己早就會做，穩操勝算。但後來見到主考官示範作法，才知道知名餐廳的菜脯蛋竟然是如此不同。

「雖然緊張，但我也跟著做了一遍，沒想到居然被錄取了，隔天便開始上班。上班第一步就是煎菜脯蛋，從早上十點到晚上十點，將近十二小時都在做同一件事。當時大師傅在我身旁不斷叮嚀『溫度不要太高』、『這個不好看』、『這份重煎』等。連續被盯了幾年，看到菜脯蛋都不自覺產生厭惡，懊惱自己怎麼連這都做不好，直到後來獲得師傅們肯定，這才知道過去那些提醒與叮嚀都是珍貴的。」

現在，李漢斌已是青葉AoBa餐廳的副主廚，談起這段往事，仍讓他很有感觸。但在他手中，果真煎出了五顆蛋等級的菜脯蛋。

【吃臺菜，學俚語】膨風水蛙刣無肉。

不分族群的菜脯迷

一九九三年對臺灣來說，是一個特別的年代——菜脯蛋上了飛機。當時臺灣餐飲界吹起一陣美式風，臺灣仕維生餐飲集團創辦人葛威廉引進有美國品牌的「偉克商人」、孫大偉引進硬石餐廳（Hard Rock Cafe）、茹絲葵也是在當時進入臺灣的。

但在同一年，航空公司的機上餐卻打起了鄉土牌，繼華航在國際航線上推出了臺南度小月擔仔麵和郭元益的小點心後，長榮航空也不甘示弱，推出了炒米粉和菜脯蛋等[4]。

不只本土航空打本土牌，連美國西北航空也開始推出中式餐點，「菜脯蛋、三杯雞、涼拌豆腐、炒年糕、番薯粥、滷肉飯，都將陸續出現在不同班機的菜單中，每個餐盤還附有筷子。」[5]成為第一家推出機上中式餐飲的美籍航空公司。

客家人的菜脯蛋

不只閩南人，客家人也吃菜脯蛋，漫畫家劉興欽筆下的「大嬸婆」最愛吃的菜，其中一道就是菜脯蛋。當時經濟部為推廣新竹內灣商圈，請來漫畫家劉興欽，請他開出「大嬸婆」最愛的十大好菜，菜色有：仙草凍、豆乾煮排骨、鹹菜蛋花湯等，其中一道就是菜脯蛋，可見菜脯蛋也是客家人的代表[6]。

除了跟閩南人一樣有菜脯丁外，客家人也吃蘿蔔絲蛋。臺灣稻米一年兩穫，一次收成約在六月，一次約在十一月。農家在二期稻作後會改種蘿蔔，蘿蔔盛產一時吃不完，便會將蘿蔔刨絲曬製，夏天煮湯有解暑效果，或者就做成蘿蔔絲煎蛋。

客家跟臺式的蘿蔔絲蛋作法其實差不多，只是臺式的偏甜。客家人會先將羅蔔絲泡水至軟，因為每家醃的味道都不盡相同，光看不知道，要用水洗除鹽分再試鹹度。「六堆」六十七歲客家人鍾招松說：「蘿蔔絲含太多水分，須先炒乾，炒過後不僅能除去水分，還能炒出香氣來。炒好的蘿蔔絲要放涼，如果熱熱的直接跟蛋攪拌，蛋的熟度就會不均勻。熱鍋後先放入比平時煎蛋時多一點的油，接著將放涼的蘿蔔絲、蔥花跟蛋拌勻後倒入鍋內，這時再用筷子將食材撥勻，轉小火慢烘再翻面而成。」

曬蘿蔔乾對客家人來說是普遍的事，家家戶戶都曬，私底下還會評論誰曬得好。鍾招松說，住家附近的空地都被鄰居的蘿蔔乾占領了，但他有自己的秘密基地，就是挑到墳墓堆旁曬！「那兒可沒人跟我搶，而且曬出來的品質也很好。」

馬英九也愛菜脯蛋

而外省族群可能受臺灣飲食習慣影響，也吃菜脯蛋，現任總統馬英九就是個菜脯蛋迷，他在過去擔任臺北市長時曾接受媒體訪問說到：「說起小時候對吃的印象，飯盒內能有個菜脯蛋，就非常滿足。……我自己愛吃的臺菜是蔭豉蚵、菜脯蛋、青椒肉絲、辣椒小魚乾等。」[7]

臺灣是個政治味濃厚的地方，就連菜脯蛋也能成為政治話題。有臺灣「小白菜」之稱的許曉丹，在過去一九八〇年代那個民風保守的年代裡，曾在舞台劇「迴旋夢裡的女人」中全裸演出，成為當時茶餘飯後的熱門話題。

後來，她還曾在高雄參選立法委員，當時所舉辦的募款餐會便強調是「窮人的晚餐」，「競選總部還為每道菜取了有趣的名字，凸顯她窮人參政、為弱勢代表的特色。」當時的菜單內容包括：「吃苦才會發」（鳳梨苦瓜雞），吃了苦瓜再吃鳳梨，代表先苦後發；「阿媽的祝福」（紅龜粿），代表老人家對外出孩子的祝福；「出外人的志氣」（菜脯蛋），代表臺灣人出外打天下的心情[8]。

欣葉餐廳創辦人李秀英曾說，在戰爭逃難時，人人都帶著金條，不過養母卻告訴她，「帶蘿蔔乾比金條更好用。」（反正也沒有金條可以帶）她半信半疑，沒想到果真比金條好用！飢餓時只要咬一口含在嘴裡，重量輕攜帶方便，又有解渴、補充養分的作用，維生素B、鐵質含量高，真是「窮人的人蔘」。

我猜想，「菜脯蛋」之所以代表「出外人的志氣」，可能是因為菜脯易於攜帶、又不易腐壞，無論到了何處，只要加個蛋一起煎，就能吃到足夠營養，也象徵無須向別人低頭，就能自給自足打天下。許曉丹後來雖沒選上，但創意十足、勇氣無限。

現在政治圈除了名嘴們天天各自排列組合地評論時事外，實在了無新意，不自覺地讓我懷念起當年的許曉丹來了。臺灣有個許曉丹、柯賜海，讓人民的生活真的很熱鬧啊。

煎豬肝

臺灣最戲劇性的補品

臺菜菜單中多數會有一道「煎豬肝」，早年豬肝是被臺灣人奉為補品的一種食物，與雞佛（雞睪丸）和鱉比起來，豬肝更是普遍。尤其是女性，生理期要吃炒豬肝、坐月子要吃麻油炒豬肝、住院開刀要吃豬肝湯。

早年豬肝料理變化多，除了常見的豬肝麵、豬肝湯外，還有皮蛋肝片、紙包豬肝、豬肝蒸肉、豬肝菜心等。客家人也吃豬肝，其中以豬膽肝最具代表性。

豬膽肝是在立秋後，用曬炒過的鹽塗遍整個新鮮豬肝，連血管也要塞入鹽巴，然後放入大瓦罐中，定時翻轉使其發酵並流出血水。一般在兩、三天後取出曬乾，再以滾筒壓扁，置於陰涼處風乾十天左右再蒸來吃。切一塊放在飯鍋內和飯一起蒸，再切成薄片配著蒜白一起吃，就是最棒的下酒菜。

豬肝湯也好喝，不僅因為它是補品，與其他內臟不同的是，它會在口中與味蕾產生摩擦的顆粒感，且帶有獨特的甘苦香，使得豬肝湯就算只用薑、鹽、米酒烹煮，卻能非常迷人。一碗豬肝湯裡，總浮有幾片上頭有著孔洞的豬肝片，那孔便是豬販用鋼鈎掛上豬肝之處。每當看到這樣的豬肝，便會浮現菜市場喧騰熱鬧的畫面，可視為吃豬肝湯的一種樂趣。

價比天高的風光歲月

臺灣人對豬肝很有感情，早年豬肝在眾人眼中是補血聖品，我念國中時，老師甚至還會叮嚀班上女同學每個月要吃一次豬肝補血。

豬肝在臺灣是一種很獨特的食材，經歷身價的暴漲暴跌。根據報導，一九五二年（約二次大戰結束後七年）上等赤肉一斤十二元，但豬肝就要十六元[9]；到了一九六一年，上一家不錯的理髮院理個頭，公定價要六塊半，但一斤豬肝就要三十二元[10]，後來更逐年上漲，最高曾達到一

斤一百六十元！但從事豬隻屠宰業的嘉一香食品公司董事長陳國訓印象中還不只如此，「豬肝是用兩計價的，最貴時一斤就要兩百四十元。」

一九六七年的報紙還這樣報導：「牛肝很營養，雖然市場上好的牛肝較難遇到，每斤三十六元，但比豬肝的價錢可便宜多了，精明的主婦們，在炎熱的夏天裡，配菜大多取牛肝而捨豬肝了。[11]」牛肝即使在今日都不常見，居然都還比豬肝價格便宜，可見當年豬肝真是天價。

當時誰有本事吃豬肝？一則強勢、一則弱勢。吃豬肝象徵身分地位，有錢人才吃得起，因

此在酒家菜裡可見豬肝料理，如「肝燉」就是把豬肝、雞肝、肥油、紅蔥頭、荸薺與豆腐混合蒸製而成。

另一種就是病人才有機會吃到薑絲煮豬肝湯，只用滾水汆燙豬肝片，配點薑絲、下點鹽巴即成，用個小提鍋裝著。以前的人去探病，總會提一鍋熱騰騰豬肝湯，當病人有氣無力地回答：「唉，沒胃口吃。」探病者便會提醒：「欸，這可是豬肝湯呀。」對方便驚呼一聲，二話不說趕緊把湯喝了。大家都知道，再沒胃口也不能糟蹋豬肝。

靠著創新谷底翻身

人說「囂俳沒落魄的久」，曾經風光一時的豬肝，終究也有下台的一天。後來經證實，有百分之四十的豬飼料都添加了抗生素卡巴得（Carbadox），這種抗生素經證實含有致癌劑。跟人一樣，豬肝也是具有解毒功能的器官，這些抗生素所產生的毒素便累積在豬肝上。此事經過媒體報導，掀起軒然大波，一發不可收拾[12]。

但豬肝祖上有積德，總算還是遇上貴人了。欣葉餐廳行政總主廚陳渭南回想三十幾年前有一天下班後去市場買菜，熟識的

豬肉攤向他推銷：「今天有粉肝不錯，買一付回去吧！」陳渭南知道豬肝已是過氣商品，意興闌珊地說：「麥相找啦。」（意思是「別給我找麻煩了。」）便另挑選了一些豬肉，但豬肉攤老闆打包時還是順手塞了一付豬肝送他。

就這樣，當他拿著這付豬肝，心想該如何把它做成一道好料理，最後，他選擇以獨特手法——「糖化」來處理豬肝，竟讓豬肝自此起死回生。所謂「糖化」豬肝，就是以醬油和糖為基底的調味料在鍋中收乾時，快速翻鍋，讓醬汁完整包覆在豬肝表面，形成糖衣，吃的時候便能同時咀嚼到豬肝的苦甘味與醬料的甜，兩者渾然天成絕妙口感。

不同於坊間，欣葉的煎豬肝還配上香菜與蘿蔔乾，第一片先吃原味，第二片挾著香菜一同吃，中途穿插蘿蔔乾解膩。這蘿蔔乾也不是泛泛之輩，用白醋、冰糖、醋薑等醃過，爽脆、解膩又開胃，這正是欣葉煎豬肝能一賣三十多年的原因。「十桌客人有八、九桌都會點煎豬肝。」欣葉餐廳忠孝店主廚陳靖益說。煎豬肝從此成了一道名菜，許多店家起而仿效，如今許多海產店、快炒店都吃得到，若沒有煎豬肝，就被認為不算是道地的臺菜店。

平平煎豬肝，各家口味大不同

豬肝料理難在哪？永遠有人問（也有人總在說明）該如何處理豬肝才不至於過柴，即使專家多少有些作法上的小撇步，但終究不脫速度與火侯的掌控。這是一道與速度追逐的料理，就連吃也得速度快，時間過久便味如嚼蠟，難以下嚥。

二〇一一年臺灣十位廚師受觀光局之邀，於觀光局北京辦事處成立周年的日子推出百桌千人宴，其中「黑白切粉肝」擠下了原本規劃中的燻花枝，原因是這是當地台商指定的菜色，因為

【吃臺菜，學俚語】好也一頓，歹也一頓。

台商說「大陸吃不到這麼嫩的豬肝」。[13]

豬肝的單位稱作「付」，一付豬肝有三瓣葉片。坊間將豬肝分為粉肝（脂肪肝）跟柴肝兩種，粉肝偏粉紅、柴肝暗如紅豆，但其實為同一物，價格也相同，只是烹調過後的口感、賣相不同。柴肝天生就老，適合汆燙後切片，沾醬油膏而食；粉肝則白酌、煎、湯皆適宜。有些小吃店的黑白切「粉肝切盤」的口感像豆腐一般嫩，是灌入了鹽水與澱粉所致。

煎豬肝被炒作成為一道臺菜名品後，身價就未再下滑了，梅子餐廳一盤就要兩百五十元，真像是以日幣計價。一次我到臺北一家「蟳鱻百元快炒」，店面看來平凡無奇，但一吃到煎豬肝後，發現與欣葉的口感相差無幾，心想老闆絕非泛泛之輩，一問之下，果然是欣葉出身。後來我經常造訪那家快炒店，因為它有欣葉等級、卻只有快炒價格的煎豬肝。

每家店的煎豬肝作法也不盡相同，梅子餐廳的煎豬肝調味近似欣葉，但肝片厚薄度不一，美中不足；兄弟飯店蘭花廳的煎豬肝是將豬肝片包覆紅麴，外衣色澤紅潤增加賣相，又有紅麴的天然甜味，得相輔相成。奇真餐廳是改良口味的「黑胡椒豬肝」；

臺北福華蓬萊邨則不提供這道菜，理由是：外國人不吃內臟類。

而南部天氣炎熱，臺南好地方蝦仁飯則有「涼拌豬肝」，保持肝肉滑嫩且爽口。至於阿美飯店的「香油豬肝」，因為南部人吃豬肝的不多，新鮮豬肝又不能久放，已成了一道預約菜。作法是豬肝裹粉油炸再上糖與烏醋，加上切片的紅、黃彩椒，讓整體色澤不至於厚重，口味很古早。古早的意思就是未使用番茄醬這種現代化的人工調味料，單純以糖與醋帶出酸甜味。

臺南新化的清樂食堂還有一道特別的「炸豬肝」，將豬肝裹

麵糊油炸，吃起來外酥內香。老闆說這道菜不提供外帶，在店內也必須盡早食用，因為時間一久豬肝會滲出血水，很多人看了會害怕。

事實上，豬隻健康，自然就會有健康的肝。現在毛豬有一定的斷藥期，豬隻的抗生素在宰殺前就能完全排除，不會殘留在肝臟內。畜產業者近年也改善養殖條件，並重視生產履歷，養殖出活菌豬、自然豬、海藻豬等健康豬隻。期待有朝一日，臺灣豬肝也能跟法國鵝肝一樣，成為食材中的精品。

香腸

臺灣最重要的小食

香腸是臺菜餐桌上一道重要的料理，可下酒、可粥可飯、可冷食可熱食，為了便於食用，通常斜切薄片，用牙籤串上白蒜或蒜苗而食。香腸先生走遍全臺各地，還會以不同樣貌現身，是一項充滿地方性色彩的食物。

各地香腸故事不一樣

屏東東港盛產黑鮪魚，就吃得到黑鮪魚香腸。南投埔里有埔里酒廠，就有紹興香腸。金門高粱酒名氣大，自然就有高粱酒香腸。高坑甚至有用本地牛肉做成的牛肉香腸。至於產咖啡的古坑，實驗性強的咖啡香腸也就順理成章地誕生了。

先說在基隆有全臺灣最小的「一口吃香腸」，約只有拇指大小，是一般香腸的三分之一。基隆的文史工作者曹銘宗說起一口吃香腸的緣由，原來老闆體恤一些孩子身上沒錢又想吃烤香腸，因此發明一份只要五元的一口吃香腸（二〇〇九年漲價為七元），讓阮囊羞澀的人也能解嘴饞，沒想到因而紅遍全臺灣。

全臺最大的香腸，莫過於創立自一九六七年的士林夜市昇記大香腸，長達三十公分，約如一人手肘粗。在競爭激烈的夜市，為了與其他同業區隔，老闆便嘗試將香腸灌得異常粗大，沒想到大受歡迎，話題性十足。

　要說全臺最壯觀的香腸攤，竹南交流道下的吉佈德噴水香腸應該實至名歸，每天只營業四個小時，卻能賣出上千條香腸，店門前經常是車車相連到天邊的壯觀場面。至於全臺最長的香腸，就是位於臺灣西南方的離島——小琉球（屏東縣琉球鄉）的香腸了，最長紀錄曾長達兩百公分未分節，盤起來的樣子像蚊香，又像清朝男性的辮子。

　小琉球的香腸跟小琉球人的習慣有關。本省人拜拜用的是三牲，客家人用乾魷魚、豬肉，小琉球人拜拜則是用香腸。早期小琉球人也拜豬肉，但入伍、退

【吃臺菜，學俚語】食飽睏，睏飽食。

伍、娶妻、生子都要拜拜，豬肉容易剩得多，為了不浪費，就做成了香腸。

而且，「這香腸不能斷！」小琉球和美香腸的老闆說。因為小琉球人多半從事遠洋漁業，最遠會到地球另一端、中美洲加勒比海的千里達。因為遠，所以得放長線才能釣大魚，「延繩海釣的釣線要保持一直線，才能大豐收。」而香腸就像釣線一樣長而不斷。

小琉球香腸的做工很繁複，兩人做一百斤要花上八小時，是機械製腸的兩倍時間。得先把豬後腿肉裡的筋膜與肥肉挑出，再讓肥瘦肉重新混合，「這樣才能讓肥瘦肉達到黃金比例（肥二七％、瘦七三％）。」

不過，早期小琉球有黑毛豬，現在養豬的人少了，最終還是要向臺灣「進口」。如今，小琉球的香腸好像失去原有意義。但即使如此，還是非常好吃，烤過後咬下一口，汁都會噴出來。

臺灣本島也有類似小琉球版的蚊香香腸，就在臺南的好地方蝦仁飯吃得到。老闆娘陳富香每週兩次手工製作香腸，為了做這香腸，還特別訂製一台迷你烤爐，底下呈圓柱狀，不時要添入炭火。柱狀物有鑿穿的小圓洞方便空氣進出，上頭則蓋一只斗笠狀，利於香腸盤旋其上。最特別

的是設有一小截吸管粗細的「導油管」，受熱逼出的香腸油汁便能集中涓滴而下，使爐面始終保持乾淨。「這可是改良過的2·0版。」陳富香自豪的說。

這油汁沒浪費，被陳富香當珍寶。我眼尖窺見，油汁滿了就倒入好地方招牌「蝦仁飯」的秘醬裡，難怪蝦仁飯能從「店徒無壁」，到買下好幾間店面，一紅就是三十年。

至於在全臺都有分店的黑橋牌香腸，創立自一九五七年，因為位於運河旁的烏橋仔而命名「黑橋牌」，還重金打造了「香腸博物館」（二〇一一年底完工）。黑橋牌雖然知名度大，但談到香腸，老臺南人心目中的不二選擇，還是百年名店廣興肉脯店與滋美軒。

三十八歲臺南在地人鄭丞堯說，廣興不僅賣香腸、肉乾，還接生過小孩！早年電話不多，廣興位於臺南東菜市場旁，門口不遠恰有一座公用電話，曾有位孕婦即將臨盆，跑到廣興門前打公用電話求救，救護車遲遲未來，情急之下，廣興便慷慨讓出舖子協助接生。許多當地人都說，廣興至今生意興隆的原因之一，正是當年行善得福報。

至於滋美軒，一到過年也是大排長龍，鄭丞堯說：「小時候到滋美軒只覺得真的很簡陋，簡陋到懷疑它做出來的東西會好吃嗎？」不過人潮說明了一切。

「以前禮盒都用一種紅繩子繫著，滋美軒會把繩軸掛在天花板，售貨小姐不斷重複地繫繩包裝，動作快到彷彿那條從天而降的繩子始終沒有斷過。」

位於臺北一〇一的八十六樓餐廳頂鮮一〇一，套餐裡的附贈小菜就是醋汁番茄與古早味香腸。說到臺南古早味香腸，指的就是加入少許五香粉的手工香腸，因為五香粉的關係，所以香腸看起來色澤偏暗。

臺南度小月也賣香腸，卻是一般少見的「滷香腸」。洪秀宏說：「早年店裡沒有後廚房，場地又狹隘，要賣香腸卻沒有烤台或油煎台，為此想出變通方法，把預先炸好的香腸放到擔仔麵攤上的滷蛋鍋內一起滷。」沒想到吃起來風味獨樹一幟，使得度小月的滷香腸也大受歡迎。不過系出同源的「洪芋頭擔仔麵」就沒傳到這一味，相反的，只見店裡頭有個現代化的小型油炸鍋，香腸放下去，時間到就自動跳起來。

臺式居酒屋的最佳主角

臺南還有一道名菜「醃腸熟肉」，類似北部的「黑白切」，甚至有專賣醃腸熟肉的專門店。「醃腸」指的不是香腸而是粉

腸，粉腸主要以靠近豬胃的小腸前段當腸衣，加入番薯粉、豬肉等填餡而成，外觀是一般香腸的三倍大，顏色呈粉白色，有的人會加入紅糟，就會偏粉紅色。

粉腸多用水煮，但也有例外，臺中縣大甲鎮鎮瀾宮前的「康家阿嬤ㄟ粉腸」，老闆娘無論晴雨必化濃妝，她所賣的粉腸就不同於一般水煮，而是採水煮後油煎而成。阿霞飯店的粉腸用的是五花肉、肥肉、梅花肉、酒糟與豬板油所做成的；臺南縣歸仁鄉的陳家媽廟粉腸，則用豬肉、番薯粉、紅糟粉，搭配獨有的沾醬，好吃到全臺各地都有人包遊覽車去吃。不過喜歡香腸的人畢竟是多數，許多人不喜歡粉腸吃起來粉粉的，又沒有肉香。

至於「醃腸熟肉」的「熟肉」，則以豬內臟類為主，豬肚、豬心、豬腸；也可以是海鮮，像鯊魚煙、魚卵、花枝、鯊魚皮、鯊魚肚等；還可以是像白蘿蔔之類的素菜。沒有固定組合，可按個人喜好搭配，或事先告知預算，交由店家自行調配。

光從醃腸熟肉的組合內容物便看出店家等級，臺南阿霞飯店的創辦人吳錦霞，早期就是在廟口賣米粉湯，後來花樣漸多，加入了醃腸熟肉。阿霞飯店如今算是臺南的宴客餐廳，店內「醃腸熟肉」用的是野生烏魚子、粉腸、蘆筍貝、蟳丸與蝦棗，兩人份七百元。

東東集團投資的府城食府的「醃腸熟肉」已變成一道有筍塊、蘆筍、茄子、三色蛋、白蘿蔔、粉腸、花枝等十二項料理的什錦大拼盤。石精臼的清子香腸熟肉店，則是一般庶民的小吃攤，用的是香腸、粉腸、豬肝、花枝、蟳丸或白蘿蔔，每人約一百到兩百元。老闆洪秀宏說：「很多人會只點盤醃腸熟肉，再來瓶啤酒，感覺上就像臺式風格的居酒屋。」

【吃臺菜，學俚語】食碗內洗碗外。

健康新吃法

香腸怎麼煮才好吃？黑橋牌說，早期多半用油煎炸，但現代人不吃那麼油，建議可以在煮飯時，一起加入電鍋內蒸，蒸完後再以薄油乾煎即可。這樣不用太多油煎，也不需要煎太久，因為內部都已經熟透了。

如果不用電鍋蒸，也可以以水或米酒先煮過，再下薄油乾煎。只是這樣香腸內會殘留一些水分，在乾煎時容易油爆，而且煎出來的香腸腸衣也不那麼緊實，看起來有點皺皺的。還是乾煎的賣相最好，香腸胖嘟嘟且油亮。

還有一個無敵好吃的就是路邊的炭烤香腸了，透過炭火的遠紅外線，能讓熱力直達香腸內部，美味加倍。尤其天冷或肚子餓時，香腸攤子的香腸香氣，加上一只抽風機放送，沒有多少人抗拒得了。

臺灣人還喜歡到香腸攤子玩「打香腸」，香腸攤子多設有一個小型彈珠台，可以跟老闆賭大小。或者還有一種叫做「過五關」的遊戲，可以先試發幾次，確定力道與彈力後再正式開始，按照二十、三十、四十洞口前進，贏了就能得到數條香腸作為獎品。有時花了不少賭金，即使輸光，老闆也會奉上數根香腸當安慰獎。

切仔麵與擔仔麵

臺灣最重要的麵食

有人說「牛肉麵」是臺灣的國麵，這句話很多人不贊成，認為切仔麵或擔仔麵才是臺灣的國麵，至少臺菜餐廳內找得到擔仔麵或切仔麵，就找不到牛肉麵。

切仔麵或擔仔麵應該歸類於小吃，不過多數臺菜餐廳會提供這道點心，就是為了讓思鄉的遊子不需另外找攤子吃，一餐便能同時解鄉愁。

北切仔，南擔仔

臺菜店家分兩派，一派專供切仔麵、一派專供擔仔麵。切仔麵源自北部，擔仔麵則以南部為大本營。有時從店家提供的麵食，就能分辨老闆的出生背景。明明在北部，卻打著「擔仔麵」招牌的，多半是源自南部、而後才北上開業的店家，如頂鮮一〇一的董事長周文保就是臺南人；臺南度小月總監洪秀宏也是臺南人。

青葉新樂園不只賣切仔麵，還設切仔麵攤，而老闆姚成璋就是臺北人。真的好海鮮餐廳的總經理黃棐音，過去曾是華西街臺南擔仔麵的員工，但自己所經營的餐廳卻是提供切仔麵，原因就是黃棐音是臺北人，而且母親還是切仔麵攤子的老闆娘。

不過，現在切仔麵在全臺都找得到，臺南「首府米糕棧」

就賣切仔麵。老闆謝明昌明明一家四代都是臺南人，血統純正，問他為何賣切仔麵，他說他的切仔麵其實與擔仔麵一樣，同樣是黃麵、肉燥與蝦，「差只差在湯底。」一般擔仔麵用的是蝦頭、蝦殼熬湯，湯頭雖然鮮甜，但免不了腥味尾隨而現。擔仔麵往往要加上一瓢蒜泥，用意就是要壓過那股腥味。他的切仔麵用的是大骨湯，蒜泥只要少量，甚至不加都行。

「摵」出飽滿好味

說到切仔麵，作家陳柔縉在《宮前町九十番地》一書中有段張超英回憶一九四六年的描述。

當時板橋林家是橫跨清朝和日本兩代臺灣最大地主，林家後代林熊徵不僅含著金湯匙，還是含著金飯碗出生，吃得胖胖的，外號「阿肥仔」。

有一天，林熊徵與張超英的祖父張聰明在辦公，到了中午，張聰明問林熊徵要不要叫餐廳外送，林熊徵說：「不用了，吃一碗切仔麵就好。」沒想到隔天，林熊徵就腦溢血過世。「怎麼前一天還在面前吃切仔麵，才隔一天人就走了？」這讓當時尚小的張超英深刻體驗到世事無常。

切仔麵在日治時代就已存在，蘆洲是切仔麵專賣店密度最高的地方，有數十家之多，較有

【吃臺菜，學俚語】食予飽飽、激予槌槌。

名的是阿六、阿三、添丁、大廟口切仔麵。據傳最早起源於蘆洲人的信仰中心——湧蓮寺。

廟口一向是人潮聚集之地，也就吸引了許多的小吃叫賣。傳說蘆洲人周烏豬與楊萬寶，兩人從日治時期就開始賣切仔麵維生，但生意未如人意，到了國民政府時期，只剩楊萬寶一人力撐，生意卻漸漸興旺起來。後來很多北上謀生的人也跟著賣起了切仔麵，使得蘆洲的切仔麵店到處林立。

廟口附近的「添丁切仔麵」生意非常好，後來，楊萬寶將攤子傳給了一名叫阿成的年輕人，阿成同樣在廟口開了「阿成切仔麵」，又把技藝傳給了徒弟廖添丁。如今阿成已辭世，「添丁切仔麵」便算是名門之後，每到假日就出現排隊人龍。另一家「阿六切仔麵」的規模更大，門口還掛著「天下第一麵」的匾額。

每個蘆洲人心中都有一張切仔麵名單，有的人愛名氣、有的人重交情，但很多人都說這兩家是給觀光客去的，他們則愛去大廟口和阿三。

大廟口看起來確實環境破舊，規模也如同一般小攤，但湯頭白濃香醇，值得一嚐。不過大廟口的切仔麵非常有個性，除了麵條、豆芽菜與紅蔥頭外，別無一物，整碗白白的，連韭菜都省

了。阿三也是家個性店，一般店家都是晚上客人最多，阿三卻只營業到下午，賣完便收攤。

後來，切仔麵也傳到了臺北市區。日治結束之後，白領階級可上餐廳、上酒家，一般老百姓只能待在家用餐，不過偶爾有機會，也會帶著家人到兒童樂園、動物園等地去玩，而這些地方就是切仔麵攤的出沒之處。臺北有名的切仔麵也不少，像賣麵炎仔（金泉小吃店）、阿國、阿城切仔麵，三家合稱「北市三大切仔麵」。

切仔麵與擔仔麵在份量上就不同，切仔麵是扎扎實實一大碗，而且光麵條就占了整碗的

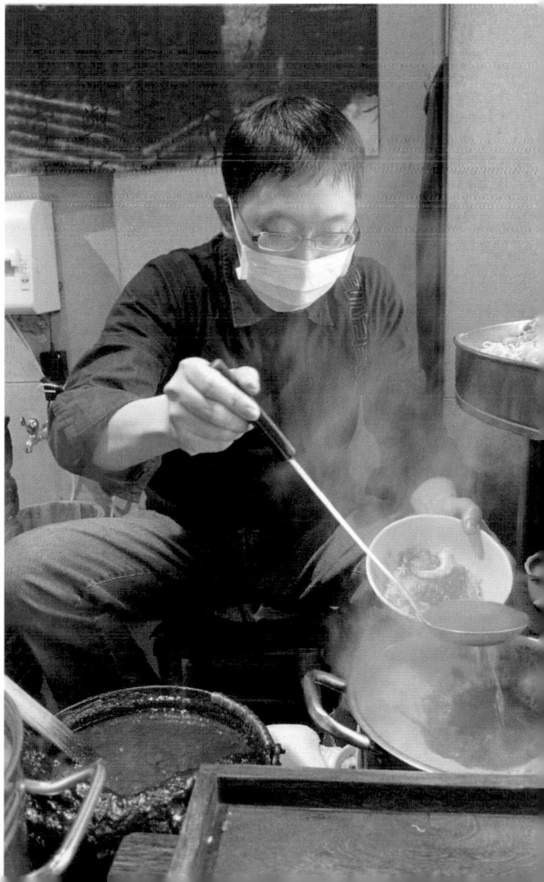

【吃臺菜，學俚語】定定吃三碗公半。

七成，想不飽還真難。擔仔麵份量則只有切仔麵的一半，湯頭多以豬大骨、五花肉為基底熬煮而成，有時還會加入老母雞或中藥配方，湯色如薄茶、味鮮甜。總之，各家都有各家的比例與秘方。

切仔麵可不是隨便「摵摵ㄟ」（tshik，上下搖動）就好，無論用具或煮法都非常講究。有別於陽春麵之類的外省麵，切仔麵的麵是俗稱的「大麵」或「黃麵」（麵粉在製作過程中加了鹼粉，煮熟後再拌油，也稱「油麵」），麵心圓而色黃。煮切仔麵的靈魂，就是呈勾狀的笊籬。笊籬得選用桂竹編織，其原因是桂竹編出的笊籬不僅孔小而密，而且還具有悠悠竹香，透過「摵」的動作，可以讓竹香滲入麵體。

煮切仔麵就跟煮義大利麵一樣，湯桶要大、湯要夠多。扯一把掌心大的麵條投入笊籬內，「摵八次」是煮切仔麵的要訣，也就是笊籬沉入熱湯中，過一會兒再拉出水面瀝乾到不滴水，如此重複八次，才是正宗切仔麵作法。為何一定要八次呢？因為麵要變軟必須得花時間，口感才會最好，而且經過多次晃動程序，麵體才會慢慢「塑形」，倒扣空碗時如小土丘般尖，舀湯，在碗挾上兩片白肉片、淋上少許豬油、灑紅蔥頭提香，加點韭菜、豆芽菜。一碗這樣的切仔麵，在一九五〇年代，可是約要兩元半才吃得到。

不過就我觀察，現在店家多半不這麼講究，阿六、阿國還會用竹笊籬，其他多數都改用白鐵杓，還有的店家竹笊籬像祖師爺般供在一隅，備而不用。問為什麼，店家回答，因為現在竹笊籬市面上已不容易買到。

不只如此，麵條不是「摵」熟、而是泡熟的，有的人懶得「摵」，直接舀熱湯由笊籬上澆淋，因為摵一碗麵如果要八次，即使笊籬一個疊一個，一天來上幾次，手臂必定疼得抬不起來。

至於尖尖一坨如同小土丘般的麵，有的店家功力沒那麼好，店員從攤上端到桌上麵條就散了，我在阿六就吃到散開的切仔麵，店員也不以為意。

說到肉片，可能是臺北市區的經濟能力較好，後來的切仔麵才有放肉片，蘆洲切仔名店多不見肉片。不管是切仔麵的肉片或擔仔麵的蝦子，都像書畫落款題字，具有襯托主題、增加氣勢的效果。

切仔麵的肉片多半用的是豬後腿的腱子肉，也就是俗稱的「老鼠肉」，除了外層有一點油膜外，裡外都是瘦肉，汆燙過後切成薄片。早年生活貧苦，肉就

【吃臺菜，學俚語】草地人驚掠，府城人驚食。

是一種奢侈品，吃一碗切仔麵，把麵吃完、湯飲盡，兩枚白白肉片留到最後，沾點醬油放到嘴裡咀嚼，盡是肉香，抵達家門口前，嘴裡盡殘留著那肉味，正是那個年代許多人的共同回憶。

聞名國際的擔仔麵

擔仔麵和切仔麵不同，重視的是吃巧不吃飽，最早被歸類為「點心」，小碗淺得猶如一只深碟。擔仔麵用的也是黃麵，但比切仔麵來得細，麵條均散於碗內；傳統以蝦殼、蝦頭熬湯；因為染上肉燥，湯色若濃茶。

擔仔麵的源頭，是創立於一八九五年的臺南度小月擔仔

麵。創始人洪芋頭原是個漁夫，遇颱風侵襲的打漁淡季，也就是生意人所稱的「小月」，就靠著從福建漳州學來的肉燥作法，挑麵擔沿街叫賣，後來固定在臺南水仙宮前擺攤，生意逐日興隆，「度小月」名氣因而傳開。

不過，雖然度小月是擔仔麵龍頭，但也非一家獨有的專利，後來又有赤崁擔仔麵、洪芋頭擔仔麵；臺北梅子餐廳、好記、頂鮮一〇一、華西街臺南擔仔麵等，也都賣起了擔仔麵。臺南府城食府還做了一個活動式的擔子，師傅可直接挑起擔子走入客人用餐的包廂內，重現當年挑擔、當場現煮的場景。一邊煮香

氣一邊冒，引起賓客連連驚呼，馬上就能炒熱場子。

華西街擔仔麵賣的雖然是高檔海鮮料理，但創辦人許穆生是臺南市人，他上臺北後的第一個心願就是賣擔仔麵。因此即使店內金碧輝煌，使用上萬元餐具、賣的是魚翅、海鮮，但絕不會少了這道鄉土小吃，也代表創辦人不忘本的精神。

擔仔麵的作法是將麵條放入笊籬燙熱，再放入豆芽菜汆燙，將其倒扣到碗內，淋上一匙蒜泥、烏醋、香菜與肉燥，添湯汁，最後再擺上一尾蝦。烏醋作用是提鮮味、蒜泥用來壓腥味。這蝦還不能大，要與小碗的比例和諧，標準是取用南部沿海一帶的火燒蝦，而且必留蝦尾，一來代表新鮮，新鮮的蝦尾呈散張狀；二來好拿取，三則是自古來的傳統。

不過這蝦既是擔仔麵的特色、也是包袱。怎麼說呢？許多北部人對於味道濃厚的蝦湯敬謝不敏，華西街臺南擔仔麵在十年前就改良湯頭，改成以大骨、雞骨與蔬菜熬湯，不再加蝦頭蝦殼了。頂鮮一〇一則只留用蝦頭、不用蝦殼，加入豬大骨、甜玉米、紅洋蔥、白蘿蔔熬湯底，兩者都屬於改良版。

近年更因為地球暖化，海鮮資源越來越有限，也造成臺南度小月的困擾。過去火燒蝦普遍，現在已越來越稀有，後來只能改用一年四季都得以供應的白蝦取代。

作法固定，但手法可就人人而異了，像度小月湯汁後添，得從碗邊輕巧地澆淋，才不會弄塌麵上的肉燥。因此煮麵人的手腕要傾斜，才能讓湯汁順利注入，最後再擺上一尾蝦與香菜。煮麵姿態的柔順與優雅，成了煮擔仔麵最好看的地方。

各家的擔仔麵從外觀看起來幾乎無異，但各店還是有各店的工夫，光從煮麵技巧就能看出高明與否。如麵下了多久才能放豆芽，這就是訣竅，有的店家便宜行事，把麵與豆芽同時放，這樣豆芽是不會有脆度的。

臺南度小月傳人洪秀宏說，若資質聰穎，大約兩、三個月就能獨當一面。不過，這些步驟與工序都堪稱固定，最難的在於心，煮麵人的心要靜而後定，即使人來人往也不能躁。這可追溯到臺南人的性格，不隨外界擺動，獨有自己的步調，煮這擔仔麵也算是一種修行。

在口味上，其中最大差異的還是在肉燥。喝茶人要養壺，擔仔麵則要養鍋，臺南度小月擔仔麵永康店內的鑄鐵鍋「養」了三年多，鍋邊已累積一層厚厚深咖啡色的膠質熔岩；臺南一〇一店的鍋子更久，已有五十多年。但鐵鍋經年累月地攪動，竟使得鍋壁越來越薄而終至破裂。鐵杵都能磨成繡花針，鐵鍋迸裂則在度小月得到了見證。養鍋的意義也是在於肉燥，是擔仔麵精髓裡的精髓，許多店家的熬湯或煮麵技巧都能外傳，但唯有掌握肉燥配方的人才是真正關鍵，臺南度小月就有規定，肉燥配方傳子不傳女。

臺灣最經典的喜宴菜

紅蟳米糕

紅蟳米糕多見於婚宴，不過要說加入喜宴陣營，也至少是在七〇年代之後了，因為早年缺乏冷藏運輸設備，因此宴席中少有海鮮，多以肉類為主。

紅蟳米糕源自福建福州的名菜，當地稱為「八寶蟳飯」或「紅蟳八寶飯」，原配料有鴨胗、豬肚、火腿與花生等。之後，這道菜隨著先民渡海來臺，又有更多蟳類料理登場，如白雪潭蟳、八寶焗蟳等，其中「八寶焗蟳」屬於頂級版的紅蟳米糕。曾經在蓬萊閣工作過的名廚黃德興說，八寶焗蟳是將香菇、絞肉、蝦米等八寶料與挖下的蟳肉一同放入空蟳殼內，鋪上炒好的飯與蟳卵一同蒸熟，上桌時每個蟳殼都載滿豐料，拿取食用皆方便。

至於當時的「生炊蟳飯」則較接近現今的「紅蟳米糕」，若想做這道菜，配料不見得要按照福州版本，不過福州作法在上菜前會趁熱淋上一匙紹興酒，相信是有加分效果的。

一道成功的紅蟳米糕，紅蟳與米糕同等重要，但更重要、同時也最難的，便是要讓紅蟳裡卵黃的精華與香氣得以滲入米糕裡，這是串連兩者的重要意義。

關鍵之一便是食材，紅蟳若不夠飽滿豐美，脂香當然難以滲入米糕裡；另外，火候也須掌控得宜，蟳黃過熟則乾硬如石塊、過生又上不了枱面。

喜筵桌上的要角

紅蟳米糕多見於婚宴中，但如今在傳統臺菜餐廳也能見到這道菜。紅蟳的多卵讓人聯想到多子多孫的意涵，不過對現代人來說，米糕恐怕比紅蟳來得重要，畢竟見到豐潤卵黃會讓人直接聯想到膽固醇，對那如斯巴達戰士勇猛的蟹螯更是敬謝不敏。喜筵桌上熟人同桌敘舊都來不及了，誰有時間啃蟹螯；與不熟的人同桌，也不想讓人見到自己滋滋咂咂與磣牙聲。最後只見彼此客氣地推辭或勸用，然後悶著頭扒兩口米糕代表「到此一遊」，再讓轉盤繼續駛往鄰座去。

在辦桌場子裡要吃到好吃的紅蟳米糕很容易，但要吃到好吃的就不簡單了。總舖師為了時效性與安全，晚上喜酒七點入席，下午三點紅蟳米糕早早就做好，到了上桌前再回溫加熱。紅蟳初蒸都不見得能掌握好火候，更何況二次復熱，可憐的紅蟳等於火葬兩回，蟳黃會硬如石塊也不足為奇了。還有的業者圖方便，紅蟳與米糕是各自完工，上桌前才將兩者合體，這也失去紅蟳米糕的精神。

更有些業者為了預算，找其他蟹類來充數。紅蟳米糕往往是第五、六道的酒席菜，此時長一輩的往往已酒過三巡，難以覺

【吃臺菜，學俚語】腳手慢鈍食無分。

察，晚一輩的又不識紅蟳本尊，一切就在混亂中度過，至於是紅蟳米糕還是紅蟹米糕，已不重要了。不過也有廚師認為，紅蟳只是一種迷思，是市場炒作出來的產物，只因紅蟳價格昂貴才被當作場面菜，事實上菜蟳口感都比紅蟳好，沒必要墨守成規。

紅蟳米糕的擺法是以米糕鋪底，再把蟳身拼湊合體，最後覆上蟳殼還歸原貌。但業者同時要處理大量食材，一人拆殼、一人清洗、一人斬蟹，因此拼湊起來往往非同一隻紅蟳，有時店家忙中有錯，還會出現十二腳紅蟳。

蟳殼的擺法是關鍵，朝內或朝外派各執一詞。贊成殼面朝外者認為，擺殼用意在展現紅蟳油亮火紅的硬殼，掩蓋參差不齊的蟹身，且能讓蟹脂順勢下滑至米糕。另一派則擁護殼底朝外，用意在展現扎實肥厚的蟹黃，一上桌便自信地亮出底牌，阿霞飯店就屬這種。還有一種更文雅的作法，蟳殼仍蓋上，只是預先把蟹黃挖空平鋪在米糕上，賓客不需再以杓挖取，讓吃相文雅又不露貪相，臺北福華飯店就採此作法。

真材實料征服名家味蕾

林語堂是真正的吃家，約莫在一九六三年，當臺南阿霞飯店還是個路邊攤、被稱為「小食

館」時，大師早已先行一步吃到紅蟳米糕，而且吃好逗相報，跟女兒林太乙說：「阿霞的螃蟹是自己養的，那麼肥厚的蟹黃，我從未見過。」名人加持加上確實貨真價實，不僅讓「阿霞飯店」舉國皆知，紅蟳米糕也因而一炮而紅。

林語堂誤會一箱箱的活蟳是阿霞養的，阿霞雖不養蟳，但挑蟳功力強，每隻蟳都對著光源檢查，是店家對盤商的作法。一籠蟹、一只燈，就像在挑鑽石般，等級不夠的就得退貨。料好實在使得紅蟳米糕深受好評，阿霞友人便送來一尊銅塑「蟳仔公」，二十六年來紅蟳米糕越賣越好，店家每天早晚均向蟳仔公上香，保佑生意興隆，蟳仔公也因此成為店內精神象徵，被安座在牆上的神桌旁。下次到阿霞飯店時，不妨也拜望一下蟳仔公的身影。

老菜新生命

從阿霞飯店出走的前主廚吳明潔，自立門戶開了一家小店「知味燒烤」。雖說是專賣海鮮加燒烤的一家小店，但仍保留了阿霞飯店「紅蟳米糕」這道作法繁複的名菜，「我的作法與過去一致，但為了與現有的阿霞飯店有所區隔，獨捨棄了花生這項配料。」他說。

糯米彈牙而深深入味，每口

【吃臺菜，學俚語】食飯皇帝大。

米飯都吃得到配料，蟳肉鮮、蟳卵肥，若非為了宴客、純粹是自己嘴饞，熟客們往往會溜到知味來吃。

近來，紅蟳米糕的口味越來越花俏，像海霸王的紅蟳米糕就在米糕裡加入蛋酥，認為糯米較軟滑，加入酥脆蛋酥還可增加香氣。臺北儂來餐廳的紅蟳米糕則加入了蓮子，讓這道菜看起來更貴氣，咀嚼也較有層次感。但還是以沈葆楨後代沈呂遂所開設的「翰林筵」最為極致，一般所見是一隻蟳配上米糕，但在沈家做的卻是「看似一隻蟳、實有兩隻蟳」的紅蟳米糕。

翰林筵的紅蟳米糕，是先將一隻蟳蒸熟，將所有蟳肉剔出密蓋避免曝乾，再將蟳殼以小火焙之，將蟹殼烤香了再入鍋熬高湯。待蟹高湯與大骨高湯兌過後，用來炒生糯米，糯米炒熟後拌入香菇、肉絲等配料，再加上之前剔出備用的新鮮蟳肉，如此一來，米糕裡也吃得到渾然天成的蟳香、蟳味。上桌時放在糯米上、卵黃飽滿的則是全新的另一隻紅蟳，望得其形、食得其味，可謂極致。

若沈葆楨還在世，沈呂遂便要稱他高祖父。他綜觀福州菜，除了官府菜，坊間多是「郊菜」，也就是路邊搭棚辦桌的那種，大多「學其形而失其神」。

他們這支脈來到臺灣，雖已無家廚，父親沈祖湜是中央銀行職員，也非官員，但家中飲食習慣仍承襲官府菜遺風。「有時有親友到家中打牌，如果父親看到菜餚不到水準，便會要人端回廚房再做一份。」

怎樣叫達不到水準呢？「沒規矩。」福州菜是文人菜，做菜要有規矩，該放的佐料沒放、該有的火候沒有、該注意的細節卻草草帶過，在最後上桌時都會一一曝現。沒有遵守這些準則就不可能好吃，也因為沈呂遂在這些方面仍然守著規矩，才使得他的福州菜讓人尋找到一些與臺菜相關的根源與脈絡。

臺灣最具代表性的酒家菜

魷魚螺肉蒜

酒家沒落了，早年的酒家菜在市面上也不容易吃到，不過有一道「魷魚螺肉蒜」仍保留在多數的臺菜餐廳裡。

這是一道小火續煮的湯品，光從菜名便能知道主角就是魷魚、螺肉與蒜苗。乾魷魚是阿根廷的，螺肉罐頭是日本的，主要食材都不是來自臺灣，卻能說明了臺灣進口外國食材，進而影響到在地的飲食。

關於魷魚螺肉蒜的由來有三種說法，一種是從家庭宴客菜演變成圍爐菜，再流傳到酒家的一道火鍋料理。一種則是日式罐頭的臺式運用，另一種則是饕客們的創意傑作。

見證經濟起飛的年代

有四十五年臺菜經驗的欣葉行政總主廚陳渭南說，早年家家戶戶不定時會採買一些乾貨，但平常只保存而不吃，到了宴客、節慶時才會取出來烹調；過年前更會去採購一些南北貨，二一添做五，就成了圍爐餐桌上的加碼戲。

魷魚螺肉蒜鍋一開始雛型只是「魷魚蒜鍋」，用料不像現在那麼多，但乾魷魚是一定有的要角。乾魷魚體積小、輕又容易保存，是很受歡迎的乾貨。把魷魚剁塊狀，加入一些炸熟豬肉塊、香菇片，而蒜苗與芹菜正好是冬天蔬菜，全入煮即成一鍋。

隨著經濟條件漸漸好轉，一般家庭雖然不見得買得起鮑魚罐頭，但一年買一次螺肉罐頭是沒問題的。當時最好的品牌就是日本進口的「双龍牌」，螺肉油亮甘甜，可以是前菜拼盤，也可以是下酒菜。後來有人靈機一動，把螺肉加入魷魚蒜鍋內一同煮，就變成了「魷魚螺肉蒜」。罐頭內殘餘的螺汁倒掉太可惜，於是也統統加到鍋內，原本螺肉鹹甜味甘就很討喜，加入了螺汁的湯頭更加甘甜，簡直點石成金、美味非凡，成了家家過年必吃的圍爐菜，後來更逐漸流傳到了外食市場。

由來說法多

第二種說法是，日治時代結束後，還有些日本商社在臺開設分公司，公司福利好，員工經常可以配給到一些民生用品或罐頭。某次，一位員工下班後上酒家去，就拎著剛領到的螺肉罐頭給店家出題考試，師傅於是做出了「魷魚螺肉蒜」這道料理，因為大受好評而流傳下來。

最後一種說法則是在蓬萊閣工作過的名廚黃德興說，「這是我認識的饕客們想出來的一道菜。」

他約在一九七〇年前後任職於北投嘉賓閣，當時臺大骨科名

醫陳漢廷（逝於一九八三年）、綽號「阿輝」的婦產科醫師，與一位開貨車的司機「阿華」，三人經常相偕上門大啖美食。

「當時由陳醫師與阿輝共同開的菜單，他們說想這樣吃吃看，再由阿華把菜單交給我，」黃德興說，菜單上寫的食材有：番茄、豬肚頭、排骨、乾魷魚、芹菜、蒜苗，最後加上由北韓走私進口的螺肉罐頭。「我將這些配料炒過，放入半煙囪筒狀的火鍋上煮，不時添點炭火。」

「他們嚐過後都大讚風味棒，我也就把這道菜放至平時的菜單內。」他說，酒家在走入地下化後，酒家老闆對於菜色求簡便快速，讓這樣的火鍋料理得以盛行。但很多人覺得加入番茄味道不搭、不愛吃豬肚，以至於後來版本就沒再見到這兩樣配料了。

螺肉滋味賽神仙

無論臺北酒家還是北投溫泉飯店，有兩道菜是少不了的，一道是「螺肉」，一道就是「魷魚螺肉蒜鍋」。下酒菜用的螺肉並非只是把罐頭打開、原封不動地倒到盤裡，而是要先用小鍋小火煮，待螺肉表面被收乾的醬汁覆蓋得「黑金啊黑金」才可上桌。入口一邊用舌尖舔舐蜷曲的螺肉，一邊吸吮那甘甜稠汁，還有可比擬鮑魚的彈牙咬感，滋味賽神仙。

正式的酒家桌菜有「六六大順」十二道菜，一般則是十道菜（八乾二湯），其中二湯為一羹湯、一火鍋。有些人到酒家已經是第二攤，吃得不多，就吃「半桌」，指四菜一湯或五菜一湯，這一湯，便是魷魚螺肉蒜。

帶點鹹甜的螺肉原本就是很好的下酒菜，小火爐續煮的「魷魚螺肉蒜」噴發出的甘甜氣味就在包廂裡繚繞，咕嚕咕嚕湯頭冒泡聲還有炒熱氣氛作用。「魷魚螺肉蒜鍋」於是在酒家登場，尤其搭配濃度高的烈酒享用，效果更佳。

魷魚螺肉蒜鍋不只出現在酒家，也是辦桌的重頭戲，象徵流水席的高潮。有錢人還會在湯裡加上干貝，不僅展示財力，也代表闊氣大方。

魷魚是早年家中聖品

魷魚螺肉蒜的雙傑之一「乾魷魚」因為體積輕、易保存，在早期沒有冰箱的年代裡，是家中的海鮮聖品，其中又以阿根廷的公魷魚為佳。公魷魚肉厚、身窄、口感富咬勁，平日有機會到乾貨店時都會順便採買，反正無時間限制，可久放，若等到過年前的尖峰期再採買總會漲個一、兩成，沒必要當冤大頭。

乾魷魚放置一段時間後，魷魚表面會自然析出一層白色鹽分，代表品質好，未受潮或發霉，就像乾鮑表面的白色粉末一樣。擺著還有一個好處，萬一客人來訪，家中至少還有一、兩樣像樣的食物能端上桌，這就是臺灣人待客的熱情。

乾魷魚不僅拜拜時可充當三牲，也可運用在客家小炒、煮螺肉蒜湯或火鍋湯底。另外還有一種吃法也很迷人——冬天在家門口炭烤魷魚。高雄六堆六十七歲客家人鍾招松回憶：「爸爸會炭烤魷魚當下酒菜，那炭香與魷魚香瀰漫整屋子，哪輪得到我們小孩子吃，只能在一旁光想而已，也不敢開口要，只等父親心情好，順手掰下一小截鬚腳給我。魷魚雖硬，正好可以嚼很久，越嚼越甘甜。」烤好的魷魚沾醬油吃，一口嚐盡甘甜鹹苦。

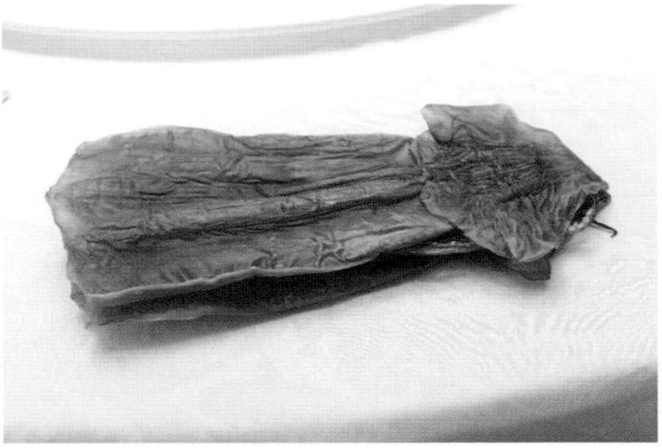

臺灣有九成乾魷魚都來自阿根廷，市價約一斤五百元。但二〇一〇年因為智利發生地震，加上氣候因素影響，魷魚魚獲量出現史上新低，盤價飆漲了將近一倍。氣候異常日趨明顯，以後想吃乾魷魚，面對價格大幅波動恐怕是難以避免的。

【吃臺菜，學俚語】敢的就挾去配。

烏魚子

臺灣最珍貴的伴手禮

烏魚子並非只有臺灣才有，西班牙、義大利薩丁尼亞島、日本長崎均有產，不過臺灣人有自己獨門製法和獨門吃法。臺灣人過年，總少不了要採買烏魚子，那是最珍貴的伴手禮，而臺菜餐廳的菜單上自然也少不了這道菜。更重要的是，烏魚這個一年只來一次的朋友，跟臺灣之間卻有說不完的故事。

烏魚子勝過勞力士

烏魚子像是期貨，臺灣沒有一種魚能像烏魚子這般，連年成為財經版面的話題，就如同股票一般，每年價格起起落落成為焦點。烏魚子是昂貴的象徵，在選罷法尚未規定三十元以上就算賄選前，就曾有候選人曾在投票前送烏魚子給選民，被視為賄選移送法辦[14]。

如果說老天爺曾經虧待過臺灣人，那烏魚可以說是一種珍貴的補償。一到冬至前後，汛期來臨，野生的烏魚從渤海一帶往南游，游到臺灣東港與菲律賓一帶產卵，下卵完事後又沿路折返。吃魚卵成癡的日本人很氣，烏魚吃日本的、住日本的，等到吃飽喝足要生寶寶了，就乖乖游到臺灣來，而且絕不失信，因此又被稱為「信魚」。冬至那段時間，西部沿岸的漁民幾乎只要走到家門口，烏金就自動送上門，而日

本人卻還得花大把銀子，買臺灣的烏魚子回去。

「我在日本曾受到日本客戶招待用餐，遠遠看到餐桌上一個餐盤，上面有非常美麗的花瓣，走近一看，才知道原來是烏魚子！居然被片得薄如蟬翼，整個貼在盤面上，讓我誤以為是盤子的一部分。」雲林縣養殖發展協會前理事長曾煥侚說。

只見同行的日本人取一片烏魚子，放在嘴裡黏貼在上顎，再用舌頭沾沾舔舔那細緻的顆粒感與鹹香的氣味，彷彿含蔘片。接著取下放一旁，啜一口清酒，再含一口烏魚子。就這樣，一瓶酒都喝完了，一片烏魚子還沒吃

【吃臺菜，學俚語】 乞食身皇帝喙。

完，這景象讓曾煥佾驚訝不已。

曾煥佾一家四代都是烏魚養殖戶，他回想起父親那時代，展現財力雄厚可不是戴勞力士金表，而是「把烏魚子放長褲口袋裡，嘴饞了就拿起來啃幾口。」能把烏魚子當零嘴吃的，在臺灣除了烏魚養殖業者，再者就是有錢人了。

鉅賈邱永漢曾說童年時期，父親每年過年均會買許多烏魚子，換算成現在的幣值，每年都會買上二十萬元！有的用來送禮，多數是用來自己品嚐，而且「每晚都少不了烏魚子，要一直吃到中秋節前後」。早期沒有冰箱，大家會把吃不完的烏魚子用玻璃紙包裹，放入馬口鐵罐內密封，再寄放在漁會的冷藏庫裡，每月取一、兩罐出來吃，成為他童年記憶的重要部分[15]。

補烏術語

說到烏魚子，不能不提到烏魚。早期捕撈烏魚的方式很陽春、也很上道。

烏魚的捕捉期間是每年十二月至翌年一月，一到了烏魚汛期，開始就會有幾組人馬划著竹筏在沿海巡邏。這是件苦差事，冬天氣候非常冷，更何況是在海上，可不是天天都能中獎，經常是無功而返。漁民們憑靠著經驗觀察，等發現魚群時，便趕緊以

信號通知岸上的隊友，隊友們便會整裝待發，乘上裝著魚網的竹筏出發。

道上規矩是，報馬仔有功值得犒賞，因此最先發現的漁民，總能得到多一點好處。在捕烏網順水的一方會開一個小口，放一只如麻袋的小魚網，等到大網縮小範圍時，受魚網威脅而感到驚恐的烏魚，自然會誤以為「網開一面」，因此便往那小口處鑽，其實進是一刀、出也是一刀，那些烏魚就成了最先發現的漁民的紅利。這個慣例一直流傳下來，成了捕烏的行規[16]。

行規後來就遭到了破壞，大陸漁民也想捕烏魚，就找了臺灣漁民去教他們。現在，大陸漁民也很會捕烏魚了，這些外來漁民才不管道上規矩，會跑到臺灣的海域捕烏魚，侵門踏戶，於是經年會發生本地漁民與外地漁民間的「搶烏」事件。

搶烏事件

搶烏是什麼呢？捕烏魚的船不算艘、而算組，兩艘為一組，需靠通力合作才能成功捕撈。當兩艘船下網正在圍捕烏魚，一些刁鑽靈活的膠筏就會直接跑到烏魚網上拋網，成了「網中網」的狀況。膠筏要的不多，撈一筆就閃，這種坐享其成的行徑，看在最早發現烏魚的漁船眼裡當然不滿，但許多船主也敢怒不敢言。曾經有船主出言喝斥，結果惹得對方惱羞成怒，就在閃人時以刀割斷大漁網，讓烏魚跑掉一大半，就真的「化為烏有」了。

還有一種膠筏的作法正好相反，他們會沿著大船的捕烏網旁協助拉高魚網，減少「跳烏」損失。但可別以為他們志在參加、不在得獎，而是打著「見者有分」的如意算盤。若收穫不錯，有良心的大船會讓他們「分紅」，專業捕烏的巾著網漁船通常都會論功行賞，按比例分給這些打游擊戰的膠筏[17]。

至於什麼是跳烏呢？當魚網範圍縮小、烏魚走投無路時，便會急中生智，跳出高於海面三、四公尺，以求翻出網外。但道高一尺魔高一丈，漁民們也早有準備，每人手拿著小魚網像捕蝴蝶或蜻蜓一樣，在烏魚跳出海面的一刻趁勢捕撈。那可要眼明手快才辦得到，俗話說「腳手慢鈍吃無分」，就是用在這地方。

烏魚也能貸款

與烏魚息息相關的詞句，除了「跳烏」、「搶烏」外，還有「正頭烏」、「回頭烏」與很特別的「烏魚貸款」。當野生的烏魚游過臺灣海峽，再游經東港楓港，這時母魚與公魚都豐腴肥美，就是俗稱的「正頭烏」。另外，受到洋流擠壓關係，母魚產下魚卵後會再往北游，就像產婦一樣。產完卵、所有營養都給了寶寶的母魚非常虛弱，無論公母都瘦巴巴，被稱為「回頭烏」。大家不抓回頭烏除了因為品質欠佳外，也希望讓烏魚回鄉，等待明年再來，生生不息。

工欲善其事，必先利其器，光靠傳統撈網或竹筏捕捉烏魚是不夠的，就像面對一頭肥豬，手中卻只有一把安全小刀。早年漁民普遍經濟不富裕，漁具也不便宜，為了添購更厲害的捕烏漁具，以及支付因天候不佳而無法出海時的日常開銷，漁民便會向漁會等單位貸款，這時特別的「烏魚貸款」就誕生了。「烏魚貸款」很像是借給漁民「賭本」，有了好的收穫，漁民就有錢可償還，甚至大豐收時還能一夜致富。但既是賭本，自然也有賭輸的時候，有段時間連續三年，烏魚的捕獲量銳減，漁民還不出錢，便轉向地下錢莊借錢，最後連魚具都拿去典當，一輩子翻不了本。

野生烏魚的悲歌

老天再怎麼願意補償也有個限度，臺灣的野生烏魚捕獲量正快速減少當中，氣候是原因之一，溫室效應使得海水溫度逐年上升，烏魚折返點往北移。但更重要的是人為因素，暴露的是長期以來兩岸漁民的海上爭奪戲碼。大陸漁民覬覦烏魚的經濟價值，早年不懂如何捕捉烏魚，就粗暴地炸魚，魚被炸死了，但魚卵尚未飽熟且魚體受到破壞，魚卵也不美態。

記得有次跟臺中「黑潮の食堂」老闆陳泰隆聊到黑鮪魚，臺灣的黑鮪魚捕獲量逐年銳減，原因不一定是黑鮪魚數量減少，而是鄰國也發現了黑鮪魚的高經濟價值。臺灣與菲律賓有經濟海域重疊的問題，當年的「滿春億號」事件[18]，菲律賓的水警槍殺了臺灣漁船的船長，還搶走了魚獲。事後菲律賓水警雖然被以殺

人罪起訴，卻沒有具體求刑，因為兩國沒有邦交，因此也無法引渡來臺。這說明了臺灣在海權上的弱勢，也顯示出臺灣漁民在討海時所遭遇的種種困境，只能被打落牙和血吞。後來漁民為求自保，根本不敢靠近一步。「他們不用懂得如何釣黑鮪魚，只要船上準備幾把槍就行了。」陳泰隆嘲諷又心酸地說。

總之，搶烏事件約在八年前終於畫下句點，並非兩地漁民和平共處，而是臺灣捕烏的輝煌年代告終。臺灣捕烏魚的全盛時期約在一九八〇年代，當時約有二、三百組捕烏的巾著網船，漁獲量多時能捕到兩百萬尾。但到

了二〇〇二年卻只剩下八組，捕獲量連二十萬尾都不到。據漁業署統計，一九五三年臺灣野生烏魚捕獲量還有五千公噸，但到了二〇〇六年銳減至一九三公噸。

兩年前南臺灣只剩一艘捕烏船「聯春滿號」，有時出海千尾都捕不到，連貼補油錢都不夠[19]。同一時期，大陸卻有五百組以上的巾著網漁船，一消一長，就沒什麼好爭的了，也不用再冒捕烏的機會成本與風險，直接向對岸購買即可，事實上，大陸所捕撈的烏魚幾乎全數賣給臺灣。

養殖烏魚取而代之

漁民們為了野生烏魚在海上的泣血奮鬥史才告一段落，值得光榮的是臺灣的烏魚養殖則在同時間崛起，讓這種原本有固定洄游路線的烏魚，居然也能改變習性安分地待在固定地方，還能控制雌雄，讓牠乖乖產卵，可說是臺灣的另一個奇蹟，也是一項世界性的試驗紀錄[20]。

臺灣的烏魚養殖從二〇〇一年的一五一五公噸，到二〇〇七年達到近三千公噸，短短六年就以翻倍數量成長。我們所鍾愛的烏魚子，正左右著臺灣一群又一群人們的人生。

曾煥俏說，早年自己也會跟著出海捕烏魚，但有部分的烏魚會飼養在沿海砌成、很陽春的土牆養殖池裡。颱風一來，池子就被海浪沖垮，沖垮又重砌，如此不斷重複，慢慢地才有了健全完備的養殖池。如今雲林已是臺灣最大烏魚養殖區，其中口湖鄉又是雲林產量最大的地方[21]。

烏魚很神奇，一開始是雌雄同體，若是養殖烏魚，透過飼料的酸鹼性，能讓烏魚性別導向成雌魚。養殖業者第一年就會過濾烏魚性別，雄魚會被淘汰棄養，因為養雄魚不划算，即使烏魚膘（烏魚的精囊）美味，但價格只有烏魚子的一半左右，卻要花費同樣的飼料與人力。因此到了第三年，就幾乎九成均是雌魚，不需將魚全撈上來再分公母。但也不能全是雌魚，還要留一成的雄魚平衡。若雄魚過多，一到發情期會全圍著母魚追逐，雙方都會因為「忙得不可開交」而忘了吃飯，就變得瘦巴巴，魚卵也不夠肥美。

一到了東北季風時節，烏魚養殖戶約在十一月底便開始「搶收」烏魚子。野生的烏魚若未被人類取卵，是會自然產卵的；雖然養殖的烏魚魚苗也是取自於野生，但養殖的烏魚並不會產卵，只會化為脂肪流回體內。如此一來，對養殖戶來說，就真的化為烏有了，所以養殖戶也要跟時間賽跑。

養殖烏魚的風險

按理說，本土養殖烏魚子行情應該看俏，確實也有不少養殖業者手戴勞力士、開名車，但就跟所有生意一樣，有人賺、有人賠。烏魚要養到第三年，所產下的魚卵才有經濟價值，也就是前三年都只有支出，沒有收入。水電要錢、飼料要錢，還要面臨天災風險，隨時來個大停電，都可能使得烏魚群暴斃。就算三年安然度過，有的養殖戶一開始沒買到好的烏魚苗，過了三年，烏魚雖是平安長大，但魚卵就是不飽滿，但三年的時間與金錢都投資下去了，到底要賠本含淚出售，

還是要多等一、兩年？但一、兩年後也不代表卵就會肥大，這些不確定因素對養殖戶是很大的掙扎。

另外，烏魚至少要三年才得以收成烏魚子，如果沒足夠財力養三區魚池，那麼收成完後還要再等三年才又有得收成，又是一個漫漫充滿風險的三年，該要如何過活？

不只如此，過去養殖戶培育出的烏魚子大多由盤商大量採購，盤商再委託加工業者製作成烏魚子，旋以高價售出。養殖戶投資高風險與時間，卻非最大獲利者，就跟種稻的農民一樣，收成的稻子也要看糧商說話。為了不再讓盤商剝削，有養殖業者也開始自行投入烏魚子加工行列，讓養殖、加工、銷售得以一條龍作業。

近年臺灣烏魚子有上漲趨勢，不過並非越來越大受歡迎，而是與本土養殖戶棄養有關。這十年來，烏魚養殖戶流失掉十分之九，「已經連續五年賠本，換成誰都吃不消。」飼料漲得兇、病蟲害等因素，使得許多資本不夠雄厚的人紛紛退出黑金天堂，即使近年烏魚子市售價上漲一、兩成，也不見養殖戶露出笑臉。「漲價也沒賺錢，因為飼料與水電費都上漲。」臺灣人與烏魚子的愛恨情仇，似乎仍然會繼續糾纏下去。

烏魚子怎麼挑？

烏魚子該怎麼挑？一直是店家與買家之間的話題，既然要買烏魚子而不是買明太子，就是希望買到臺灣正港貨。

如果還以為現在吃到的是臺灣名產烏魚子，這句話可能要打折扣了。早年大家到臺北八里，總要去吃炒孔雀蛤，但現在多數店家賣的都不是本地產，而是進口貨。蚵仔煎是臺灣小吃，但吃到的蚵仔也可能來路不明。

臺灣的烏魚子進口量很大，根據漁業署統計，二〇〇七年進口到臺灣的烏魚子量高達二〇三公噸，換算成平均一付八兩來計算，市面上就有兩百多萬付的進口野生烏魚子。

之所以會有進口野生烏魚子市場，就是因為很多人一聽是「野生」的烏魚子，就認為是好或貴，因為「自然就是美」。其實這麼說只對了一半，以本土的野生烏魚來說，覓食機率不一，肥瘦品質不一，因此要能取得本土野生肥美的烏魚子，就跟娶到美嬌娘的機率一樣，可遇不可求。

而進口烏魚子雖是野生，但也有缺點。國外不懂烏魚子的加工處理方式，多以冷凍方式進口臺灣，到了臺灣再進行加工製作。空運的成本過高，且還要解凍、處理、再冷凍，自然會影響品質與鮮度。

如果到臺北販賣烏魚子的大本營迪化街去，問店家烏魚子是臺灣的還是進口的，店家如果沒有失心瘋，一定會斬釘截鐵地告訴你是臺灣東港的野生烏魚子！如果接著再問進口跟本土怎麼分，他內心肯定會嘟囔著：「哼！想套我話。」然後回答：「不知道，我們沒賣。」要如何分辨出本土與國外烏魚子的差別，老實說，連專家都說幾乎不可能。就像光看一顆心臟，醫師也不見得分得出來是黃種人還是白種人的呀，也因此能夠讓店家有這麼多價格上的模糊空間。

那麼，再讓我們到烏魚子加工廠的大本營高雄茄萣、梓官一帶看看。過去本土野生烏魚會游至高雄、屏東一帶產卵，於是便興起了烏魚子加工業。不過現在產量銳減，這一帶所製作的烏魚子也難保是本土野生，甚至到此買烏魚子，沒有熟人介紹也買不到真正的上品。

過去市場行情是以本土野生最昂貴，其次是進口野生烏魚子（以美國最大宗，其次是巴西與澳洲），最便宜的是本土養殖烏魚子，只有本土野生價格的五分之一。因此早期本土養殖的烏魚子不敢正名，為了要賣得好價錢，養殖業者會混充是野生烏魚子賣，這也是烏魚子市場為何如此混戰的原因了。

取鰭肉的正字標記

就如同前述，又不是ＣＳＩ，光看烏魚子誰知道牠的祖宗八代！大閘蟹即使打了雷射標籤，還是有可能碰上冒牌貨。十二年前，為了區隔本土烏魚與進口烏魚，於是研究出在烏魚子銜接處留一塊鰭肉作為證據。

一開始消費者跟經銷商都反彈，認為養殖業者這麼做是為了加重烏魚子的重量，但經由不斷改良，從四方形肉塊到現在只有一小塊，已臻成熟境界，成為本土養殖烏魚子的商標。還有人吃到那塊醃製過的小小魚肉時，覺得美味可口，問能不能只買鹽漬的烏魚肉。

如今，取鰭肉已經變成一門技藝，並不是所有人都做得來。在烏魚收穫季節，魚市場旁會出現一條簡單的生產線，一人剖開魚肚、一人取卵割鰭肉、一人清理烏魚殼。不僅要取烏魚子，還要取烏魚腱（烏魚的胃），烏魚腱是一種灰色球狀物，吃起來脆脆的富嚼勁。兩者都取出後，烏魚就宛如剩下空殼，人稱「烏魚殼」，這時攤商會前來批貨，運送到市場上賣。

在雲林縣口湖鄉一帶還興起烏魚的「取卵大隊」，需要專業才能擔任這項任務，否則下刀過猛會連魚膽也一起割破，進而汙染到魚卵。這留鰭肉雖是下刀時手扭個彎就取得到，但技巧不夠嫻熟便會有時肉大肉小不夠漂亮，取卵大隊不僅在地方上走路有風，還會到鹿港一帶幫其他養殖戶取魚卵。

不僅取魚卵有技巧，二〇〇八年全國烏魚子鑑賞大賽銀牌獎得主莊國顯，提早在捕捉烏魚的過程中就「動手腳」，在捕捉烏魚的那一刻就先進行放血。

他的邏輯是，當血汙流到魚卵裡時，會使得魚卵離水便開始產生腥味，直接影響到烏魚子的風味。過去經常看到有人買烏魚子時抬得高高地透光看，看的就是裡頭有沒有完整血脈，如果沒有，很可能是業者把破損不全的烏魚卵直接填入人工腸衣裡販售；而莊國顯的烏魚子也不太看得到血脈，是因為血早就放光的緣故。

烏魚加工各派不同

許多報章雜誌都提過烏魚的加工過程，包括去除血汙、抹鹽醃漬、以磚壓製、用水沖淨、用布吸水、日曬風乾等等過程。其中有一派以檜木來壓製烏魚子，認為這樣能讓檜木香氣滲入烏魚子裡；有一派卻認為這樣會干擾烏魚子天生的氣味，愛哪款可就見仁見智了。

另外，關於烏魚子上面的那層膜，留與不留也有兩派說法，有人認為要讓酒氣進到烏魚子裡，還認為膜有時破損，業者會用豬腸衣像膠帶般把缺口補起，所以贊成剝除薄膜才好吃。但也有一派認為膜是烏魚子的一部分，是很天然的產物，而且即使用豬腸衣貼補，豬腸衣也是可食用的天然食材，吃下肚並沒有關係，所以贊成不用剝除。每人各有一套吃烏魚子的方式，怎麼吃也就見仁見智了。

烏魚子怎麼料理比較好呢？文史工作者曹銘宗提供長年的料理經驗，發現與雲林烏魚養殖業者自家的調理方式大同小異，都認為用平鍋煎較好。「我都先把烏魚子的膜剝掉，用穀類酒（高粱酒、威士忌都可，葡萄酒不適合）浸一下，酒不必多。然後平底鍋加熱，不必放油，直接把烏魚子連浸的酒放入鍋中，等酒燒乾、烏魚子一面稍焦後，就翻面再煎到稍焦，最後起鍋。等稍涼後再切薄片，刀子磨得愈利，愈能切出又大又漂亮的薄片。」

至於吃不完的烏魚子，可磨成粉狀拿來炒飯或做義大利麵，滋味更勝日本人的明太子義大利麵。

蔭豉蚵仔

臺灣最特別的調味品「蔭豉」

蔭豉蚵仔裡有很特別的調味品，就是蔭豉，是臺灣早期家庭裡的共同味道，也是臺菜中不可或缺的重要配角。甚麼是臺灣味？蔭豉就是臺灣味。

要說蔭豉之前，先要說到醬油。黑豆製成了黑豆醬油，也就是蔭油，黑豆發酵後的產物就是蔭豉。早年臺灣只有生產黑豆，日治時代之後才開始進口黃豆，因此比起黃豆醬油，黑豆醬油更接近臺灣古早味。

臺灣可說是黑豆醬油最發達的地區，幾乎家家戶戶都會自行釀製黑豆醬油，但也有人會跟醬油工廠買。小型醬油工廠林立於城鄉間，其中以雲林西螺的密度最高，目前僅存的蔭油工廠多數有悠久的歷史，例如知名的丸莊醬油有百年歷史、瑞春創立於一九二一年、黑龍則創立於一九四四年。其他撐不住的不是被併購，就是消失在歷史的洪流中。

醬油創造臺灣首富

黑龍醬油第三代涂靖岳說，早年祖母會騎單車載醬油沿街叫賣，有需要醬油的人家便會把醬油空瓶拿出來，透過塑膠管裝填。帳呢，就先記著，等到這些人家家裡稻子收成賣了錢再去結清，這是農業時代人與人之間普遍存在的一種相互體諒的默契。

比起黑豆醬油來說，黃豆可以用較少的時間與工法完成，使得黃豆醬油迅速普及，價格也比黑豆醬油便宜，因此成為市場大宗。直到現在，製作黃豆醬油的工廠還是比蔭油工廠多。

別小看醬油，曾經左右許多大人物的命運，臺灣已逝首富蔡萬春，早年就是經營「丸萬醬油」起家；六福村的創辦人莊福，早年也曾創立「好家庭」醬油。

一九五五年曾爆發一起政府抽查市售醬油發現多數含過量添加物的事件，當時有十幾家的醬油業者都被政府下令要在臺北的淡水河旁傾倒黑心醬油，玉兔牌、鬼女神牌、原味均在其中之列，也包括「好家庭」醬油。據當時記載，十四萬公斤的醬油一時之間把淡水河旁染黑了一大片，空氣中充滿鹹香味，還有人忙著撿瓶蓋，因為原味醬油的瓶蓋內有抽獎活動。原本受歡迎的好家庭醬油，因此事而大受影響，莊福與股東們決定結束醬油事業，改投資電影院，成為日後六福王國的轉捩點。

乾、濕不同風味

在農業社會中，豆腐乳、蔭瓜、脆瓜、蔭豉都是餐桌上常見的醬鹹，其中蔭豉同時含有鹹甘甜香以及醍醐味，是一種很便

【吃臺菜，學俚語】食尾牙面憂憂，食頭牙撚喙鬚。

利的調味品，可做成蔭豉蚵仔、蔭豉魚乾、蔭豉排骨、蔭豉白鯧等。

蔭豉之所以與海鮮搭配得多，主要是因為早年沒有冰箱，很多海鮮的鮮度保存不易，而蔭豉氣味重，可以輕易蓋過腥味。現在在很多餐廳也會看到清蒸破布子魚，蔭豉與破布子的背後都是氣味偏重的蔭油支撐，使食物吃起來充滿鹹甘味。

蔭豉分為乾、濕兩種，兩種的價差很大，濕的蔭豉比乾的貴上五倍。基本上，兩者是在製作蔭油的過程中不同階段的產物，一個是精華、一個是殘渣。

當黑豆經過烹煮、製麴、翻麴、洗麴、悶麴等過程後，就要進行「下缸」，也就是把處理過的黑豆放入帶有鹽水的大缸裡，上頭再覆蓋一層粗鹽，並且蓋上封蓋，置於室外進行日照曝曬（簡稱「日曝」）。黃豆醬油則不需要日曝，而是以低溫或常溫進行發酵。

總之，日照多的地方較適合從事蔭油釀造，因此可以發現，臺灣的蔭油工廠多集中在嘉義、雲林、臺南等南部地區。

既然釀製醬油需要日照，那麼何不乾脆把工廠搬到四季如春的恆春去？丸莊醬油董事長特助莊偉中說，並不是高溫日照多就好，還是要有節令調節，因為蔭油雖覆上外蓋，但長期處於高溫中，仍會隨時間不斷蒸發。

日曝約莫兩個月後，從醬缸內取出約一半的黑豆，這就是原味濕蔭豉。蔭豉還需要加熱煮過，如果不這麼做，蔭豉會繼續發酵，風味會隨時間而不斷改變，就沒法子維持味道的一致性了。除了要煮，還要調味，否則味道生生野野的很不協調。可以加入麻油、糖等讓味道更順口，濕蔭豉這才算完成。

也因為黑豆都要經過人工翻麴，因此每一批溫度或發酵狀況均有些微差異。每家調味的比例與配方都不同，因此每家的蔭豉味道都不盡相同。

蔭豉的由來

其餘留在缸裡的黑豆再繼續日曝，取出壓榨成汁就是成品蔭油了。日曝時間可視各家業者的想法而定，有的堅持一百二十天風味最佳，有的認為六十天就好，有的則要一百八十天。但不管多少天，透過機器榨取所剩的黑豆渣就是陽春版的乾蔭豉。這些如濕黏土般的黑豆渣，經過鹽水浸泡就會恢復胖胖鼓鼓完整的樣子，再把這些蔭豉曬乾就成了乾蔭豉了。

以風味來說，濕蔭豉體內是已經釀製兩個月的壺底油，因此甘甜芬芳；但乾蔭豉體內的壺底

【吃臺菜，學俚語】豆油分你搵，連碟仔煞欲捧去。

油已經被抽乾，繼而填入的是鹽水，甘甜與香氣自然大打折扣。

以製程來說，仍在釀製中的蔭油被取出了二分之一的黑豆，自然會直接影響到蔭油後續釀製過程中的風味。就像煮龍眼乾茶時，半途取走一半的龍眼乾，煮出來的味道自然會變淡。廠家的主力還是在製作蔭油，沒必要做出動搖國本的事，也因此製作濕蔭豉的必要性或意願也就不那麼高。以黑龍蔭油來說，取出製作蔭豉的黑豆量不到全數的百分之一，一個月也才製作一次而已。

乾蔭豉不同，只要製造蔭油就一定會有下腳料，就當作是廢物再生，有店家甚至懶得做成乾蔭豉，就賣給飼料業者做成豬、雞的飼料。

不過，真的濕蔭豉比較貴、乾蔭豉就便宜嗎？也不全然，像丸莊的蔭豉就不是蔭油的附加產品，而是專為做蔭豉而做蔭豉。但不同的是，一般蔭油缸裡會先放入鹽水再倒入煮好的黑豆；但丸莊的蔭豉缸裡則沒有加鹽水，精華都留在黑豆裡，不會又滲出精華變蔭油。

有廠家會把濕蔭豉直接曬乾，做成乾蔭豉販售，這種的價格也跟濕蔭豉的價格一樣，但把包覆其上的壺底油都曬掉了實在很可惜。

還有一種是欺騙消費者型，把乾蔭豉與鹽水同煮，看起來就像濕蔭豉，再以濕蔭豉的價賣出。外觀上難以辨識，不過一煮就知道，上當也就只有一次。

甚麼樣的蔭豉才是好蔭豉？實在沒有標準答案，幸虧蔭豉不貴，可以先各買一點試試看，真的合口味了，再固定一個商家或一個品牌。

蔭油讀音有趣味

有一個問題，明明是日曬，為何是「蔭」油呢？「蔭」多指遮蔽的意思，應該叫做「曝油」、「曝豉」吧。後來涂靖岳告訴我，「蔭」是取一個近似臺語的發音，原意是指高溫環境，

讀做「hîm」。

這答案令人感到納悶，因為未曾聽過這個用字，後來託友人詢問中研院臺灣史研究所專家，提到臺語是有「hîm-sio」（㷄燒）這句用語，指鍋或甕加蓋燜燒。不過不確定是否就是使用在蔭油上面，若真是如此，以後應該要改叫㷄豉仔、㷄瓜仔。只是現在已經約定俗成了，所以還是照例用蔭豉吧。

先前提到，許多人家都會自行釀製醬油，既然如此，當然也就會有蔭豉。欣葉餐廳行政主廚陳渭南說：「農曆五、六月太陽大，通常會利用這段時間曝曬蔭豉，做成乾蔭豉。但碰上農曆七月可就要趕緊收起來，鬼月總是有所忌諱。」蔭豉約兩個月就能製成，丸莊有蔭豉DIY教學，有興趣可與館方聯繫報名。

苦命的青蚵嫂

再說到蔭豉蚵仔的蚵仔，則又是臺灣另一個具有代表性的食材。

臺灣養殖蚵仔已經有兩百多年歷史，在鄭成功時代就曾經針對牡蠣養殖課稅[22]。蚵仔總讓人想起一首臺灣民謠「青蚵嫂」，陸委會主委賴幸媛曾向來訪的海協會會長陳雲林介紹一幅臺南七股蚵田畫，告訴他「青蚵嫂」這首歌代表臺灣漁村婦女的堅毅

【吃臺菜，學俚語】查埔愛食望人請，查某愛食望生囝。

精神，後來這首歌就成了大陸電視劇「海峽往事」的片頭曲[23]。這首曲調來自恆春民謠的「臺東調」，恆春人稱之「平埔調」，意指原是平埔原住民的歌曲。這是小調，所以聽來透露出一股無奈、淡淡的哀怨與委屈，也有人以這首歌來代表臺灣所處的全球地位。

為什麼會青蚵嫂有歌，烏魚嫂沒歌？烏魚嫂忙歸忙，當烏魚子收成時，還是有機會數鈔票。不像青蚵嫂，綁好九十個蚵殼才換到十元，一天日薪頂多兩、三百元，難怪要怨嘆了。事實上，臺灣蚵雖然產量不少，卻競爭力低，敵不過加拿大進口的大生蠔，也敵不過中國大陸低價傾銷的蚵仔，使得蚵農生活一直未見大幅度改善。

挑蚵仔有技巧

我們到超市或菜市場，經常看到一個長塑膠袋，裡面灌滿鹽水與蚵仔。優點是可使蚵仔在運輸過程受到水的保護，不致因受到碰撞而受損；缺點是裡面鹽水濃度如果不對，蚵仔體內便會虛胖。而且透過塑膠袋看蚵仔，就像把魚放在魚缸裡，會錯覺蚵仔很大顆，難以判斷店家賣價是否合理。

多數商家會用自來水清洗，錟（讀音如「鉛」，用尖銳器具挑出鮮蚵）過的蚵仔如果一顆十公克，一旦放入水中，半小時後就變成十四公克，看起來確實很大顆，但吃起來沒有膏香而是像水球。

一些有品牌的蚵仔會用近似海水比例的鹽水清洗，因為鹽度的關係，蚵仔比較不會虛胖，因此蚵仔的個頭雖然不大，但是扎實的，煮了之後也能保留九成原貌，當然價格也相對較貴。

牡蠣烹煮時會「出水」是正常的，但出水太多就不正常了。出水太多一種是事前灌水，另一種可能，就是有業者把蚵仔泡在磷酸鹽溶液裡。聽起來很恐怖，不過它是合法的食品添加物，重組肉裡也會添加磷酸鹽。如果發現看起來有十元硬幣大小的蚵仔，一煮之後卻變成一元硬幣大小，很可能就是添加了磷酸鹽，食用太多對身體當然不好。

市面上有些店家的蚵仔麵線、蚵仔湯，習慣把蚵仔裹上番薯粉，像是加了一層保護膜，就是不希望蚵仔越煮越小，一方面也可以讓蚵仔看起來比較大顆。

外來蚵仔搶市場

除了臺灣蚵仔，臺灣人吃中國大陸蚵仔至少也有十年以上的歷史了，卻直到五年前一次破獲大陸走私來臺的蚵仔，才使得中國大陸蚵仔流入臺灣的問題正式浮出枱面。

當時在報上臺灣蚵農曾教大家如何分辨：「在口感方面，本土蚵肉彈性好、吃起來鮮甜；中國大陸蚵肉則鬆軟，吃起來粉粉沙沙的[24]，而且偏白，像A4紙張的那種白。」天和鮮物行銷副總蔡明欽說：「因為從中國大陸運送到臺灣需要三、四天時間，蚵仔又需要保鮮，因此會加入防腐劑，正常的蚵仔是乳白而非潔白。」

不過這種辨識方法並沒有太大效果，夜市裡一些不肖的蚵仔煎攤販想賺錢，自然能找到門路買廉價蚵仔，價格只有本土的一半，加粉、加醬、加菜，就能達到「魚目混珠」的效果。

或許你也會抱不平，為什麼國外的生蠔可以生吃，臺灣的蚵仔卻不行？因為臺灣蚵仔的生菌數太高，國外的生蠔在採收前都還會先經過「淨身」的階段，用乾淨的海水清洗，再用紫外線殺菌燈照，達到標準才出貨。過去臺灣並沒有這道程序，因此無法生食。但現在臺灣已有生蠔達成生食標準，「湧升蠔」利用專利淨化處理，獲二〇一〇年水產精品獎。

或許你也有疑惑，為什麼國外生蠔那麼大顆，臺灣的就是小小顆？有學術論文中提到，蚵農的獲利其實不低，平均獲利將近

兩倍，也就是成本五十萬，收成約可近百萬元。按理說，應該成為大家競相投資的生意，青蚵嫂也可以穿香奈兒、戴蒂芬妮鋟蚵仔才對。不過這是指蚵仔都能平安無事好好長大、一個都不能少的情況。

蚵仔有天敵螃蟹、扁蟲，牠們很容易把蚵仔吃光光，曾經有一年臺南養殖的蚵仔就被扁蟲吃掉五到八成。另外，蚵仔怕打雷，一打雷，排精、排卵就縮得小小的。也怕颱風、地震，以浮筏式蚵棚的型態為例，就有點像把珠簾放入海中，颱風引起的亂浪會把蚵架吹亂，蚵殼也會相互碰撞而損害。

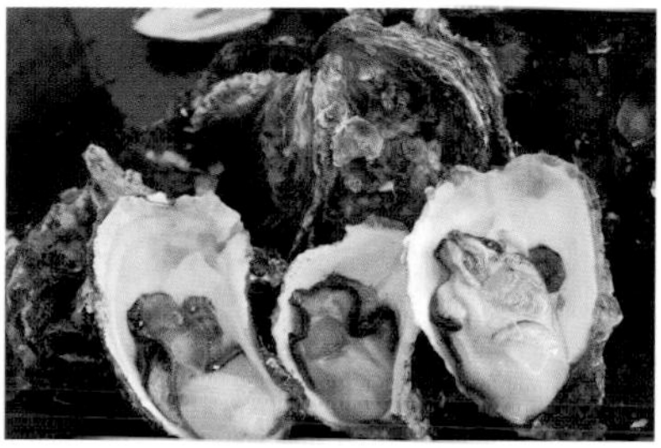

蚵仔要個頭大需要較長的年月，但臺灣的蚵仔經不起這些摧折與風險，就算第一年風調雨順，第二年遇上個大颱風就又泡湯，因此臺灣的蚵仔都是小個頭，見好就收[25]。

吃蚵仔要看天氣

說了這麼多，到底哪裡的蚵仔最優呢？問了一位水產專家，他欲言又止地告訴我，只有最好的時機與最壞的時機。最好的時機是「天氣好的時候」，最壞的時機是「連續的雨天」。

請把蚵仔想像成一個濾水器的濾心，據研究指出，一顆拇指大的蚵仔，一天可過濾一百九十公升的水。蚵仔是來者不拒的，如果水中有很多有機質，蚵仔身體裡就有很多優良的養分，反之亦然。

臺灣養殖蚵仔的集散地——西岸工廠林立，這些工廠的廢水多排放到河流中，當枯水期時，河流的重金屬濃度就會變高。等到連續來了幾日大雨，把這些汙水排放到沿海，接著又被蚵仔吸收，也就容易有食用安全的顧慮。其次，雨下到海裡也會影響海水表面的濃淡度，間接影響蚵仔的大小。換言之，在臺灣夏、秋季颱風盛行的時節，垂下式的蚵農就會視天氣情況逐步搶收蚵仔。

這又讓人納悶了，西岸既然有汙染的疑慮，何不到東岸養呢？其實並非所有海域都可以自由養殖牡蠣，需要政府同意才行，因為搭蚵棚有可能會干擾到航道。再者，從東部直撲而來的颱風多、外海地震也多，蚵仔也不容易好好發育。一旦遇上這些颱風、地震的，政府還得因天然災害而補助蚵農。據可靠來源的說法，真正的原因是光西部這些天然、人為災害，政府就已經搞得焦頭爛額了，當然不想東部的也來湊一腳囉！

養殖業者「天和」則選擇在澎湖外海養殖鮮蚵，優點是水質清澈透明，但相對的浮游生物相對較少，所以需要較長的時間養殖，一般本島西岸的鮮蚵養殖大概只要六到十個月，但天和就需要八到十二個月。品質沒話說，甚至還有來自澳洲的訂單，對台灣的鮮蚵品質是一種肯定，但因為養殖時間長、相對風險也高，價格會貴上一點點。

蚵仔背後的血汗

目前臺灣蚵仔以嘉義、雲林產量最大，第三才是彰化[26]。

臺灣西岸的蚵農很忙，要與自然環境搏鬥，還要對抗工業開發的財團。

人說「東港有三寶」，烏魚子、櫻花蝦與黑鮪魚；臺南七股也有三寶：吳郭魚、虱目魚與蚵仔。七股人堅守蚵仔似乎成了世代使命，但一九八六年，位於高雄與臺南交界的二仁溪遭受汙染，使得七股蚵農損失慘重，牡蠣是酸的而且發綠，沒人敢吃，是史上很有名的「綠牡蠣事件」[27]。

才過了七年，燁隆集團與東帝士集團聯手提案，在臺南七股興建「濱南工業區」，開發七輕石化煉油廠、大煉鋼廠與工業港，但最後在環保人士極力反對下宣告計畫終止。直到二〇〇九年，才在臺南安平區成立「台江國家公園」，保育濕地生態，保留這一塊淨土。

七股蚵農雖然免去一場工業汙染浩劫，但困境卻尚未終止。八年來，臺南沿海潟湖面積縮減超過四成，蚵農的生計受到威脅，也容易發生海水倒灌。雖然政府連年編列預算要拯救沙洲，不過蚵農處境仍然很艱困，這可是我們在大咬蚵仔時所未曾想過的。

讓我們再把鏡頭轉到雲林臺西，臺西也是一個盛產牡蠣的地區，名列全臺第二，不過臺西的蚵仔也過得不順遂。二〇〇一年臺西發生一場大量蚵仔暴斃事件，蚵殼變成紅紅的，蚵農懷疑是工業區抽砂使得海水變混濁，不過苦無證據，最後不了了之收場。爾後又有蚵仔含重金屬報告

【吃臺菜，學俚語】 做官若清廉，食飯著攪鹽。

出爐，官員雖然在眾人面前生吞蚵仔以示安全，卻無法降低民眾疑慮，使得臺西蚵仔乏人問津，青蚵嫂在哭泣。

再來讓我們轉往彰化吧，彰化是臺灣養殖牡蠣最早的起源地，其中最有名的就是芳苑的王功蚵仔，已經有數百年歷史。早年男人會將採收好的蚵帶殼用牛車運送回家，再交由穿雨鞋、戴手套、坐在板凳前的青蚵嫂鋟蚵仔，而彰化也是臺灣至今仍保留用牛車運送蚵仔的唯一地區。

彰化的蚵仔因為養殖方式不同，養出來的蚵較渾圓而嬌小，被稱為「珍珠蚵」。二〇一一年發生了「國光石化」事件，讓珍珠蚵差點不保。原本計畫在彰化大城設立石化大廠，一方面威脅到當地居民的生活環境，一方面也直接衝擊到蚵農生計，因此有許多環保團體、當地居民起而抗議。最後在總統馬英九「世代正義、環保救國」的宣示下，畫下休止符。

一名清大女學生沈芯菱曾利用寒假到王功進行鄉野拍攝，她見到泡在水中拾蚵的阿嬤，阿嬤對她說：「今天撿到紅包喔！」沒想到她說的是手套之下「見紅」，原來是大拇指被銳利蚵殼給割傷了。阿嬤還笑說：「流血不痛，代表收成，是老天爺給的紅包禮。」[28]

珍珠蚵不是珍珠，是蚵農在陽光下的汗水，是青蚵嫂晶瑩的眼淚。吃過了法國貝隆生蠔、日本熊本生蠔，但有甚麼比得過臺灣蚵農流血流汗、抗爭捍衛土地所換來的蚵仔呢！

瓜仔肉

臺灣最重要的醃漬品「瓜仔」

瓜仔肉在現代來看是一道普遍的菜餚，不過裡面加入了很臺灣味的醬瓜。醬瓜是「醬鹹」（醬菜）文化的代表，也是臺灣人的飲食記憶，而醬瓜跟豬絞肉做成的料理就叫做「瓜仔肉」，升級版的瓜仔肉就是上面加了鹹鴨蛋黃，稱為「蛋黃肉」。杯狀的瓜仔肉看起來黑黑醜醜的，賣相不佳，加顆鹹蛋黃看起來就漂亮許多。

瓜仔肉的樣樣風情

瓜仔肉其實就是一種肉餅料理，肉餅應該算是道世界性的菜色，加入了洋蔥、紅蘿蔔的漢堡就是一種肉餅料理，只不過用的是牛絞肉。客家人有梅菜肉餅、菴瓜仔蒸肉餅；廣東人的肉餅料理最多樣化，有鹹蛋馬蹄蒸肉餅、冬菜蒸肉餅、蝦醬蓮藕蒸肉餅等。

臺灣則是瓜仔肉餅，早年吃得到瓜仔肉就是奢侈，當時別說鴨蛋很珍貴，就連豬肉都不常見到。請客時可能會買豬肉，但不是用滷的，就是白煮沾蒜蓉醬油吃。而瓜仔肉是把豬肉剁成丁塊，對一般家庭而言實在太奢侈，就像是把進口鵝肝打碎，拿來包餃子一樣可惜！

瓜仔肉是一道在高級臺菜餐廳或觀光區才吃得到的北部菜，但現在在學校附近的平價自助餐廳餐檯上，瓜仔肉出現率竟也高達八成以上。不過店家只會使用一種醬瓜，瓜種不拘，碎瓜與碎肉相拌後，再以模具固定成如豆腐般平面肉塊蒸熟，上餐枱前分割成小方形，還帶點醬汁，方便顧客劃取。到了餐廳內，瓜仔肉就改裝到單人小盅裡，通常也只使用一種、頂多兩種醃瓜，頂端補上顆鹹鴨蛋黃。

青葉餐廳的瓜仔肉就很講究了，採用蔭越瓜、醬冬瓜、鹹大黃瓜三種不同醬瓜，將其融於絞肉內，取蔭越瓜的甘、醬冬瓜的軟綿與鹹大黃瓜的鹹。因為醃漬的醬汁有醬油也有蔭油，因此同時具備兩者特色在內。

蒸煮過後不同於一般瓜仔肉呈暗沉醬色，青葉的瓜仔肉是青春洋溢的通體粉紅。置於小盆內的瓜仔肉呈塔狀，頂端的鹹蛋黃對半分切，像是黃昏天上與倒映在湖裡的兩顆黃澄澄太陽。

青葉瓜仔肉是從一開店就有的，不過剛開始用的是一顆半蛋黃，現代人講究健康，才改成一顆蛋黃。食用時以小杓分切挖取拌飯而食，醬瓜存其味卻不見其形，肉質香甜富彈性，堪稱瓜仔肉中的經典。

曾任豪門家廚的名廚雷蒙，有一年的母親節，就做了「紅麴瓜仔肉」給母親吃。他說瓜仔肉是母親熟悉的菜色，而紅麴養

生，家鄰近宜蘭酒廠，因此取得紅麴便利。以蔭瓜與絞肉相拌，一方面讓瓜仔肉看起來賣相更好，一方面也兼具健康概念，更重要的是多了孝心在內。

蔭瓜與脆瓜的不同

蔭瓜比較特別，它並不是一種瓜名，有個「蔭」字，自然與蔭油、蔭豉脫不了關係。

蔭瓜用的可能是越瓜，也可能是冬瓜，青葉餐廳用的蔭瓜就是越瓜。越瓜適合加工而不適合直接吃，長得像發福的大黃瓜，去皮對半剖開後要去籽，再以鹽漬以利保存。

黑龍醬油最早就是蔭瓜起

家，日治時代有一家專門從事醬鹹生意的日本「三鷹會社」，黑龍就是三鷹的蔭瓜代工廠，後來買下經營權並拓展蔭油生意。第三代涂靖岳說童年記憶就是幫忙刮除越瓜籽，刮乾淨經過鹽漬才能保存，否則很快就會腐敗。

鹽漬過的越瓜在做醬瓜前還要先褪去鹽分，然後以一層越瓜、一層蔭豉、一層鹽的方式堆疊入缸。做好的蔭瓜吃起來肉質軟爛、甘甜，可以做成瓜仔肉、瓜仔雞湯。一般醬油煮湯後會變酸，而瓜仔湯之所以不會，是因為醃瓜仔用的是蔭油，蔭油只會越煮越甘甜。

客家菜裡也有的「菴瓜仔蒸

肉」，菴瓜就是越瓜，只是這越瓜只用鹽漬，沒有經過醬漬，但同樣也是一種瓜仔肉[29]。

如果喜愛有口感的人，多半會選擇脆瓜或菜心這類的醬鹹。脆瓜與菜心是用黃豆醬油醬漬，氣味比較清爽。之所以不同瓜種要用不同的醬油醃漬，主要是味道不搭，或者說，上一代的人就是這麼做，因此傳沿下來。

黑龍會挑選雲林土庫的菜心製作成醬菜心，而這醬菜心的最大客戶，竟不是臺灣人，而是新加坡人。

臺灣人早餐吃糜的人口已經不多，醬鹹也就吃得不多，黑龍的醬菜心百分之九十五都外銷到

【吃臺菜，學俚語】任你妝，也是赤崁糖。

東南亞，醬菜心的市占率是東南亞第一，在新加坡甚至出現山寨版的黑龍牌醬菜心，可見多受歡迎。「新加坡雖為先進國家，但華人在傳統部分仍然很傳統，不只吃醬瓜，甚至把兩款不同口味的醬瓜倒扣在盤上，就能當作是一道菜。」

醬鹹的回憶

味噌、紅糟、豆瓣醬、豆豉、蔭瓜、脆瓜、菜心、樹子、苦瓜、土豆麵筋、蔭冬瓜、小魚花生等，都是臺灣常見的醬菜。早年臺灣有醬菜車手執搖鈴沿途叫賣，家家戶戶就知道是醬菜車來了。醬菜車裡包羅了甜、鹹、辣、酸不同的醬菜，最受歡迎的就是豆腐乳、醃薑、麵筋與蔭瓜了。

除了醬菜車，還有醬菜專賣店。七十二歲的基隆人曹喜美回憶十歲左右，她曾去過住家附近的「醬菜間」，各式各樣的醬菜缸內裝有紅豆枝、蔭瓜、刈菜、豆乾滷等。「那時沒有塑膠袋，只帶個盤子去，可任選醬菜擺在盤子內，最後再讓老闆結帳。」

紅豆枝就是像一團糾結的紅毛線，吃起來甜甜的，是經過色素染色。醬鹹多半顏色都暗沉，因此紅豆枝、黃蘿蔔乾這類的醬鹹摻在其中就很鮮明討喜，只是用的是人工色素，偶爾吃吃就好。

後來在罐頭醬菜問世後，醬菜攤子便逐漸消失，甚至在臺灣的飲食習慣改變後，吃糜的人變少，相對連罐頭醬菜的銷售量也不如以前。不只臺灣，日本也是如此，日本漬物全國總銷售金額只有十年前的七成，曾經花枝招展的醬鹹也要凋零了啊！

【吃臺菜，學俚語】仙屎毋食、食乞食屎。

五柳居

臺菜中的百年老菜

臺灣百年前的菜色跟現在多少不同，不過五柳居在臺灣存在超過百年，在明治四十年（一九〇七年）《臺灣日日新報》上的「臺灣料理」食譜中，就有介紹到這道料理30，可說是一道百年老臺菜。

五柳居的名稱因地而異，有些稱「五柳居」、有些稱「五柳枝」，只是發音上的不同，不過百年前的臺菜菜單多寫「五柳居」，因此在此就以五柳居稱之。

事實上，五柳居、糖醋魚、西湖醋魚，在口味上均是以糖與醋為重要元素。曾經在蓬萊閣工作過的名廚黃德興說道，正宗五柳居只清蒸，糖醋魚則是先炸後蒸。又西湖醋魚與五柳居雖同為清蒸，但在調味上不同，西湖醋魚用的是鎮江醋，臺灣五柳居用的則是烏醋（特別是臺灣烏醋的老品牌五印醋）。

五柳居的由來紛紜

五柳居的起源眾說紛紜，一說是浙江菜、一說是川菜，還有說是閩菜；我曾在大陸吃過五柳居，卻是在山東。如果按照川菜的說法，五柳居歷史要上推至唐朝，是一道距今一千兩百多年的千年古菜了。

杜甫曾為避戰亂舉家遷往四川，在成都浣花溪畔築了杜甫草堂，那也是杜甫一生中比較輕鬆的一段日子，而五柳魚就是這個時期下的產物。

有一天，杜甫邀了幾位詩友來草堂，時值正午，杜甫親自下廚，朋友們驚呼堂堂大詩人還會做菜，因此特別期待。生活過得清寒的杜甫，其實沒甚麼大菜可招待詩友，便將一尾魚與廚房裡現成的蔥、薑、泡椒、冬筍切成細條，等魚蒸熟後再均勻撒於其上，淋上醬汁、撒上香菜。

客人品嚐了這道菜後均讚不絕口，大家搶著要為這道好菜命名，逗得杜甫很開心，他自己說話了：「陶淵明是我佩服的先哲，這魚覆有五種青絲，跟五柳

【吃臺菜，學俚語】食飯食到流汗，做穡做到畏寒。

先生之名不謀而合，不如就叫五柳魚吧！」五柳居也就這樣流傳下來[31]。

至於典故二，說五柳居是蘇東坡所創，又稱「東坡魚」，並有一段蘇東坡與佛印和尚兩人為了吃五柳居，雙方一來一往鬥智所產生的趣聞。不過國內研究蘇東坡飲食的中臺大學教授陳素貞告訴我，蘇東坡與佛印在飲食上最經典的互動是東坡肉，並沒有提到「東坡魚」。而蘇東坡愛吃魚也擅於烹調魚，但目前文獻裡只有提到煮魚湯、清蒸魚，或是把帶有水果清香的橘皮（陳皮）放入一同煮魚，就是沒提到五柳居這樣糖醋口味的魚。

杜甫的典故或許較貼切，但事實上泡椒（青辣椒或辣椒）要到了明末才傳入中國，唐朝沒有這道配料，因此使得這段廣為流傳的趣聞令人質疑其真實性。姑且不論故事真假，貨真價實的是，這道菜確實在臺灣已經有百年歷史，而且隨著物資的富裕，五柳居的五樣配料選擇性越來越多，調料也越來越複雜，甚至有了南北不同的差異。

口味南北大不同

五柳居所使用的魚種彈性非常大，幾乎只要體型大一點、上得了枱面的都可以。但南北部用的魚種不同，北部的黃德興說，

在臺北蓬萊閣是用迦納魚；南部的前阿霞飯店主廚吳明潔說，早年福州師傅傳下來是用黑鮣鯛（北部人稱為「黑鯮」），但現在這種魚非常貴，一尾四斤就要價一千六百元，因此就改用皇帝魚或白鯧替代。另一家位於臺南新化的清樂食堂，從開業至今流傳下來近七十年，用的則是土魠魚切塊浸泡醬汁再裹粉油炸而成。

甚至還有用虱目魚做成的五柳居！吳明潔告訴我一個關於虱目魚五柳居的故事：第五任臺南市長葉廷珪精通美食，很喜歡阿霞飯店的虱目魚五柳居，一次他就帶著美國大使到阿霞飯店去，點了這道「虱目魚五柳居」。老外不懂吃刺又細又多的虱目魚，吃得哇哇大叫，這倒好，落得整盤得以讓葉廷珪一人獨享。又有一次，他請外賓到官邸用餐，他又點了自己愛吃的血蚶，血蚶因有如血色般的分泌液而名「血蚶」，看市長一人吃得整口是血的樣子，又再度嚇壞了老外。

香港也有五柳居，潮江燕行政主廚袁偉洪說道，五柳居是早年酒席裡固定會有的一道菜，採用的魚種為鱈魚、鱸魚或草魚。早期用煎的，但油煎較耗時，在香港寸分寸金的背景下，後來就改用炸的，一只油鍋就能一次炸上好幾尾。

關於魚的料理方式也各有不同，如前述黃德興認為正宗作法是清蒸，但一九七〇年的《台灣菜烹飪精華》裡則寫明是用油炸：「魚免炸油也可以，用乾煎到熟可以用。」

油炸還有分，像香港作法是蛋加上太白粉變成糊狀裹上魚身；北投蓬萊排骨酥餐廳作法是太白粉與番薯粉按比例混和，因為太白粉可使外皮酥脆且肉片不易斷裂，番薯粉則能增加彈性口感。而臺南度小月擔仔麵餐飲總監林祺豐學到的則是純以沾太白粉油炸。

之所以會有這麼多種變化，一方面是各家各持想法，另一方

【吃臺菜，學俚語】有毛食到棕簑，無毛食到秤錘。

面，過去分工細，而且廚子們都會留一手，使得菜色的傳承也就愈來愈走味，與原來的口味大不同。

配料看熱鬧

至於五柳居的配料，一般都認為要五樣或五樣以上，像彩帶似地披掛在魚身上。不過黃德興認為並不盡然，不一定要五樣，只要呈條狀即可。他提到蓬萊閣（一九二〇年開業）的作法：「洋蔥一定要有，其餘則是三增肉、赤肉（瘦肉）、紅蘿蔔、青椒。爆香料為青蔥、蒜頭與辣椒。當時臺灣沒朝天椒，因此用的是一般不太辣的紅辣椒，臺菜

的味道偏清淡且不重辣。」

《台灣菜烹飪精華》則寫著：「三增肉四兩、筍三兩、蔥頭二兩、白菜四兩、香菰一錢」，可見配料又有不同。吳明潔的五柳居則是用香菇、紅蘿蔔、肉、筍與洋蔥絲，內容上較接近蓬萊閣。

至於清樂食堂的五柳居，用的是黑木耳、白菜、紅蘿蔔，甚至還出現白花椰菜，而且均不切絲，很有自己的風格。香港版的配料也很精采，充滿熱帶風情，「有馬蹄（荸薺）、番茄、洋蔥、青椒、蔥絲、鳳梨、甜薑絲與蕗蕎。」袁偉洪說道。

在五柳居的醬料上，同樣

是用太白粉勾芡，不過口味就各有不同，尤其隨著調味料在市場上的推陳出新與普遍化，配方上也產生了變化。黃德興的「潑糖醋」用的只有高湯、五印醋與二號砂糖。《台灣菜烹飪精華》的醬料開始顯得複雜：「糖三錢、味全豆油四錢、五印醋三錢、酸醋五分、香油一分、太白粉五錢、酒少許。」蓬萊排骨酥餐廳調味上更新穎，使用了海山醬、白醋、甜辣醬與番茄醬，相互對照之下，便能看出菜色在時代上的變化。

　　基本上，南部都遵守著「糖」、「醋」二字的原則，因此南部五柳居醬汁多呈現深茶

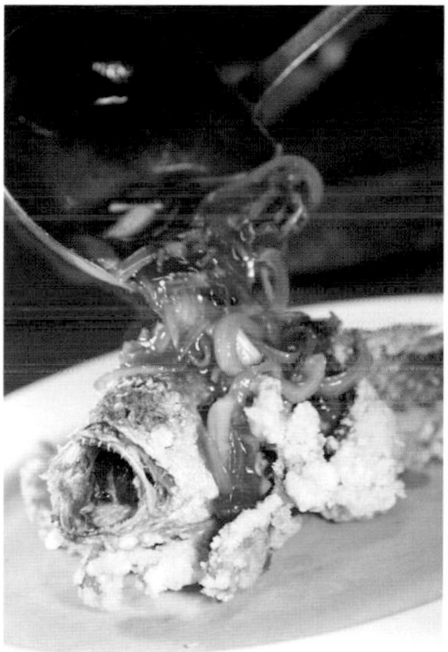

【吃臺菜，學俚語】人肉鹹鹹。

色；北部的五柳居很多都因為加入了白醋。

吳明潔認為，五柳居最重要的就是糖與烏醋的比例，酸度太酸搶味，甜度太甜則膩。清樂食堂老闆李厚德也是只用糖與烏醋，他認為「白醋只有酸，沒有香」。

光從一道五柳居可以發現，不同的時間與地域，造就了風味各異的料理，南部保留較傳統作法，北部則因外在環境變化快速，使得調料與配料變得更為花俏。

臺灣的土雞城料理代表

鳳梨苦瓜雞

許多菜雖說是臺菜，原創卻非臺灣本地，如紅蟳米糕就是福州菜、五柳居是川菜，不過鳳梨苦瓜雞就是一道土生土長的臺菜。鳳梨跟苦瓜在臺灣幾乎一年四季都吃得到，也只有臺灣人才會把這兩樣食材組合在一起，再加上雞，就是正宗土雞城料理。

土雞城多是在地居民經營，強調食材的原味，因此菜色走簡單純樸路線，不著重花俏或創意。土雞城裡的主菜多跟雞有關，有鳳梨苦瓜雞、菜脯雞、瓜仔雞、枸尾雞、竹筍雞、豆乳雞、木瓜雞、鹽焗雞、薑母雞、香菇白菜雞、麻油雞等，搭配清炒檳榔花、山蘇、麻油川七等山菜組合。

鳳梨與苦瓜搭檔成料理，到底從何時開始已不可考，但兩者也非天外飛來一筆的巧遇，而是冥冥中的註定。那與生俱來的同質性，造就了兩者不可分割的命運。

苦瓜是苦的，許多人覺得人生已經夠苦，就別再吃苦瓜了吧；有人愛吃鳳梨，但鳳梨吃多了會咬舌，好吃歸好吃，怕疼還是別吃了吧。有人討厭苦瓜，長得疙疙瘩瘩似的；有人討厭鳳梨，長得全身是刺。但兩者合而為一後，苦瓜也不苦了，鳳梨也不咬舌了，苦瓜與蔭鳳梨最後是越煮越甘甜，成了人人愛喝的湯品。早年只有在土雞城裡嚐得到，後來大家沒時間上郊區，菜於是搬到了平地來，興起了像「台G店」這樣的土雞料理連鎖店，不需要招一票人，一個人便能來上一碗過癮。

蔭鳳梨的重要性

鳳梨苦瓜雞裡的一個重頭戲便是「鹹王萊仔」（蔭鳳梨）。早年沒有低溫設備，為了讓鳳梨得以長久保存，才衍生出鳳梨加工品，也可以如此推論：當產量超過需求時，也就是當鳳梨多到人們吃不完時，才會有鹹王萊仔這樣的產物出現。

臺灣鳳梨真的是多到吃不完啊！在一九七〇年代，臺灣鳳梨罐頭外銷市占率是全世界第一，而早期臺灣鳳梨產量第一的地方就在高雄大樹區。

據臺灣漢文作家鄭坤五的《鯤島逸史》記載：「大樹腳有山一座，遍生王萊。[32]」意指清代就有大批移民在此地開墾種植鳳梨，日本人來到此地後，為它獨特的氣味所著迷，並把它製成罐頭銷到日本去，鳳梨便成為一九一〇至二〇年代最受矚目的經濟作物[33]。

不過一開始的原始版土鳳梨並不討喜，雖然氣味濃郁，卻目深、纖維粗。目深就要削掉不少

【吃臺菜，學俚語】食飯扒清氣，才袂嫁貓翁。

果肉，纖維粗更不適合啃咬，因此製成罐頭就成了較容易食用與運送的作法。除了外銷之外，當地人還發明了鹹王萊仔，吃了舌頭也不疼了。

開英種最讚

後來由日本人與大樹當地人引進新品種「開英種」後，原本的土鳳梨就逐漸被淘汰，現在製作鳳梨酥餡料所用的土鳳梨、或者一般人口中所說的土鳳梨，指的就是後來的開英種。大樹文史協會前理事長羅景川十年前在屏東山上看到原始的土鳳梨品種，詢問之後才知道是早年原住民所栽種，雖然後來棄耕，卻自行繁衍，使得原生種還得以存在。現在大樹產量最大的是金鑽鳳梨，此外還有甘蔗鳳梨、蘋果鳳梨、香水鳳梨等新品種。

製作鹹王萊仔所用的鳳梨，傳統還是愛用開英種鳳梨，新品種一味追求甜度與香氣，反而原本迷人的酸味不見了。開英種土鳳梨的酸度足，比較有古早味。大樹現在既然是以金鑽為大宗，也有很多人改用金鑽鳳梨來做鹹王萊仔。

在大樹，幾乎家家戶戶都會做鹹王萊仔，當地人說，製作成鹹王萊仔的時節是四到六月鳳梨盛產時，鳳梨如果有三斤重，去掉皮和心，就只剩一斤半，因此

得是量足才會做成鹹王萊仔。削去的皮可以當土肥，鳳梨心纖維粗，早年物資缺乏時，是小孩的零嘴，還可以用來與滾水熬成鳳梨茶喝，帶有淡淡鳳梨香，總之全都不浪費。

鹹王萊仔是用鹽、糖、麴豆與鳳梨肉所醃漬而成，有的人還會加入破布子，看起來元素很簡單，卻是家家都有家傳比例，鹽量不足就無法出汁（鹹王萊仔最重要的是湯汁而非果肉），糖量不足又容易長出一層白霉。

而最重要的就是長出麴菌的黃豆，乃甘甜風味的來源，在大樹的柑仔店有販售一包一包的麴豆，就是讓人買回家做鹹王萊仔用的。由於發酵的時間與狀態皆不同，因此每家的鹹王萊仔風味也就各異其趣。

鹹王萊仔通常醃漬半年左右就可以開封，一年左右的更甘甜，鳳梨果肉近淺褐色而非黃白色為佳，湯汁多一些的適合當湯底，果肉則可佐餐。一點嫩薑絲加上一塊鹹王萊仔，就能當作配粥的早點；果肉還可用來做成蔭鳳梨虱目魚，壓除魚腥味。

大樹區文史協會總幹事林世明提到，在大樹還有一個特別吃法：當地唯一的一家粿仔工廠因為產量有限，做好的粿仔只夠大樹鄉當地店家與居民食用，早年當地人會盛一碟鹹王萊仔，用煮好的粿仔來沾這鹹王萊仔吃，滋味獨特。

鳳梨苦瓜雞既是土雞城的特色料理，當然要有土雞。土雞肉口感緊實，很多人偏愛這樣的口感。早年農家都會養土雞，不過隨著規模變大，雞不全是從小養起，以閹雞來說，養到十個月大肉質最豐美，因此店家會先向養雞場購入半大不小的雞，到了土雞城再養上半年。

錦龍與孟鴻都是新店山區的知名土雞城，前者有老牌導演蔡揚名肯定，後者有王品董事長戴勝益加持，兩家店還是翁婿關係。錦龍土雞城規模不小，雞場裡隨時有近千隻雞待命。

鳳梨苦瓜雞佐料中不僅要放鹹王萊仔，也要放新鮮的鳳梨，利用鳳梨的酵素來軟化雞肉。苦瓜退火、鳳梨甘甜，成就一道迷人的湯品。

客家小炒

臺灣獨有的客家菜

客家小炒原叫做「炒肉」（客家發音有點像「醜紐」），會被稱為「客家小炒」，原是客家族群以外的閩南或其他族群對它所下的稱呼。通常會以族群名稱作為區隔，是有人我之分的情況下才會產生，就像「臺灣料理」一詞始見自於《臺灣日日新報》，用來有別於「日本料理」。後來被稱為「臺灣菜」，也是為了與江浙菜、湖南菜、貴州菜等區隔而稱之。

馬來西亞美食專欄作家林金城，本身也是客家人，他就提到有次在課堂上詢問學生：「可不可以說幾道你們所知道的客家菜？」其中有位學生舉手回答：「客家小炒！」林金城早期曾留學臺灣，他馬上斷定這位學生：「你是臺灣人吧?!」學生驚訝他怎麼知道，林金城於是回答：「因為其他地方並沒有這道客家菜，這是臺灣客家人所獨有的。」果真如此嗎？我向客委會求證，他們熱心地透過管道代我協助查詢，證明「客家小炒」確實源自臺灣。

看到這裡，許多人，甚至客家人，或許會不客氣地問：「客家小炒」是客家菜，怎會歸類於臺菜？這有三個理由：第一，臺灣能有今天，少不了客家人的努力，或者應該說這片土地上，少了任何一個族群都不行。如果多數人普遍認同有外省色彩的「牛肉麵」是臺灣的代表，那麼客家菜自然不能缺席。

再者，基於經濟或戰亂因素，客家族群經過長時間輾轉遷徙，如今在香港、新馬、臺灣各地，都有其蹤跡。隨著落腳地點不同，客家族群除了保留原有特質外，也與當地文化交融，產生新的火花。說到新加坡料理，許多人都會連想到娘惹菜，如果由當地生活文化所衍生出的獨特菜色能代表當地，那麼客家小炒當然也無庸置疑是臺灣菜。

第三，客家小炒這道料理已普及全臺，無論是快炒店、小館子，甚至飯店裡也吃得到。吃到這道菜時，正是讓外人瞭解臺灣族群多元性的好機會。

三大美味元素

正宗版客家小炒就是蔥、鹹豬肉跟魷魚三元素切絲，加入醬汁拌炒，不加辣也不加甜。如果有三大元素以外的食材，都算是二代版。

有時我們到快炒店或小食店吃到的客家小炒會加入豆乾，原因是豬肉的價錢比豆乾貴，原本一份豬肉的量若是混入豆乾，就可以炒成兩盤，也就能節省成本。還有店家會加入豆瓣醬、甜辣醬、豆豉、蝦米，甚至加入豬皮一起炒，這都是迎合市場口味

【吃臺菜，學俚語】 食飯配話。

所產生愈來愈多的變化。

怎麼樣才稱得上是好的客家小炒呢？行政院客委會曾舉辦過一場全國性的「客家小炒美食競賽」，當時評審之一的國宴主廚邱寶郎便開宗明義地說，客家小炒的三大主角——鹹豬肉、豆乾、魷魚，都要能恰得其分，「豆乾要爆得夠乾、魷魚要炒得夠香、鹹豬肉的油量要控制好，油香也要能充分呈現，甚至切絲的長短、粗細都是關鍵，才能算得上是好的客家小炒。」

這道菜雖只有三樣食材，卻能表現出客家人珍惜物資、食材再利用的精神。以五花肉來說，得分別片成肥、瘦肉，肥肉先用來爆豬油，豬油就能用來爆炒魷魚，而逼出油了的肥豬肉，又可以當作炒料。這樣一盤炒肉裡，就有蔥白、蔥青、肥肉、瘦肉、魷魚五樣食材，每一種各有滋味，蔥白甜、蔥青香、肥肉油、瘦肉鹹、魷魚乾，變化就很多了。

而乾魷魚則一定要稍微乾硬，才能嚼很久，愈嚼愈香、愈甜。曾在報上看到一篇文章，說一對情侶談戀愛時上館子去吃客家小炒，結果男生吃到這乾魷魚時，不小心咬斷了門牙，後來婚後一遇到意見不和吵架時，太太就會炒這道菜，兩人一邊吃一邊回想起當年吃客家小炒的恩愛時

光，就會心平氣和下來了。從這個故事就大致可以瞭解魷魚的硬度了吧，雖不到極硬的狀態，但至少不是用鹼水發泡的那種「鮮魷」。

不僅如此，客家小炒還是一道吃不完的菜。「盤子裡的蔥吃完了，還剩豬肉與魷魚，便放在碗櫥內保存，隔天再加蔥或到菜園裡找個芹菜重新炒一炒，又是一盤新的客家小炒，就這樣不斷回鍋，次數越多越香。」苗栗縣公館的鶴山飯館老闆娘劉瑞霞這麼說道。她從小就跟著奶奶一起生活，「早年因為沒有冰箱，氣溫高、時間長，豆製品便容易酸敗。在我阿嬤那個年代，大家捨不得浪費，是不會把豆乾加進去壞事的，也不允許我們把豆乾加進去炒。」

但她也說：「客家小炒原本就沒有強制規定，現代人不想吃太多肉，加點豆乾、芹菜，也不失為一個方式，只是工序要很扎實。」工序錯了，炒出來的客家小炒就不會好吃，該有的味道沒有出來、該入味的沒入味，就可惜了這道菜。

客家小炒由來

一般說法，客家小炒起源與客家人祭祀有關。五花肉、乾魷魚、雞這三樣食材一向是客家人祭祀時的三大牲品，難得宰殺雞、豬，絕不能浪費。先以白水煮肉，熬成大鍋油湯，再配上筍乾入湯，不但可以吸附湯裡的油脂，還可以除去筍的酸澀味。白水煮熟的雞或豬肉，可做成白斬雞，豬肉再加醬油燜煮就成了爌肉；爌肉的湯汁又可以拿來燜冬瓜、高麗菜或蘿蔔等蔬菜，也就是封菜類[34]。「其中的豬肉與乾魷魚就是客家小炒的元素。」「六堆」六十七歲客家人鍾招松說。

劉瑞霞所知道的不太一樣：「早年若是鄰居家辦喜事，左鄰右舍便會全家出動幫忙，宴客桌數不夠，先生就帶桌子與四個板凳去湊數，太太則帶著菜刀幫忙打理做菜。到現場後，眾人一起協力殺豬，分切處理烹調，其中也會做客家小炒這道菜。

「等到喜宴結束，會有一些尚未烹煮的豬肉，主人會將這些豬肉分送給鼎力相助的鄰居們。隔天，再到住家園子裡摘採芹菜、蔥，就能做出一道客家小炒。」

客家人的飲食智慧

從客家小炒這道菜的元素，就能看出許多客家人的生活習性。首先是鹹豬肉，六福客棧金鳳廳主廚謝君藝的祖母是客家人，他回憶童年生活提到：「早期農家都會養一、兩頭豬，豬養

大了就自家食用或賣到市場上，但即使是賣掉，也會留一點自己吃。為了保存豬肉，往往會使用大量的鹽醃漬，如果鹽用量不夠多，肉還會長出白白的蟲，但並不會因為這樣就丟棄整塊肉，祖母會把蟲撥掉，肉切片後爆香來吃。除了用鹽醃之外，還會定期抹上酒，讓風味更加倍。」

客家人還會編織稱之為「氣死貓」的竹籃，把肉等食物放在裡面，加上封蓋，懸掛在大廳的大梁上，可防止貓鼠等動物的撲食。「大廳往往掛上五、六個竹籃，廚房較狹小低矮，也掛了兩、三個竹籃，後來我個子大了，頭經常會撞到這些竹籃。」謝君藝說。

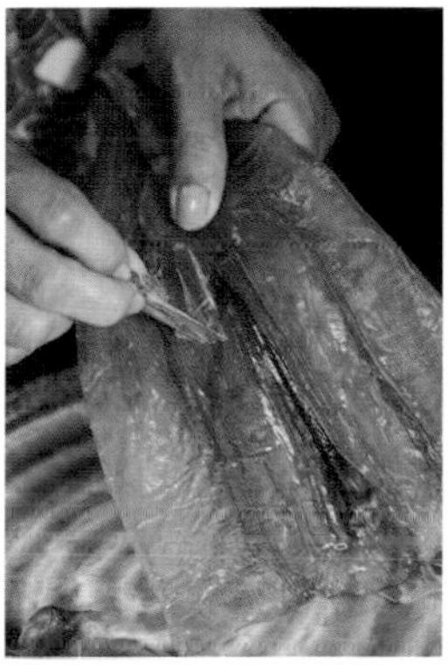

之所以稱為「氣死貓」，是因為貓身手矯捷，嗅得到食物的氣味，卻搆不到、吃不到，只能氣得牙癢癢。這是早期沒有冰箱時代的食物保存方法，也是先人與自然共處的智慧結晶。

其次是乾魷魚。所謂「逢山必有客」，客家人多居住於桃園、新竹、苗栗的台地或丘陵，南部則在屏東、「六堆」等地。臺灣雖然四面環海，但客家人的飲食裡卻少有海鮮，最普遍的就是乾魷魚。年節一到，客家人便會下山到市鎮辦年貨，乾魷魚是容易保存的昂貴乾貨之一，如果到平地或沿海市場買一般鮮魚回

家拜拜，路途遙遠，回到家後魚恐怕就腥臭了，勤儉的客家人可不樂見。而可長久保存、攜帶輕便的乾魷魚既貴氣又美味，就成了人氣商品。

蔥則是客家人菜園子裡常見栽種的蔬菜，其他還有芹菜、韭菜、白蘿蔔等。

至於把客家小炒切成條狀也有原因。「由於物資的貧乏，單吃豬肉與魷魚太奢侈，珍貴的東西當然要切條而食，這樣才能分很多次慢慢吃，就像現在我們會將龍蝦做成龍蝦沙拉來吃、象拔蚌會切片來涮一樣。」鍾招松說。

談到味道，「肥、鹹、香」是客家菜的傳統特色，客家小炒同樣具備這樣的特色。這是因為客家人開荒墾地需要很多體力，夠鹹才下飯，油脂夠才足以抗餓，香則能增加食欲。不過現代人卻因為喜歡吃得清淡，使得客家菜較不受市場青睞，但對客家人來說，肥、鹹、香三大元素不是原罪，「我爺爺每天都要吃封肉、喝高粱，一樣活了九十九歲。」劉瑞霞說。

絲魯肉

臺灣菜尾文化下的名菜

絲魯肉是一道臺灣俗稱的菜尾料理，也是一道宜蘭名菜。很多人稱絲魯肉為「西魯肉」，不過宜蘭渡小月名廚陳兆麟說正確應該是絲魯肉，因為材料裡的瘦肉、香菇、紅蘿蔔與辣椒都是絲狀的。

加了蛋酥的什錦羹

俗話說「竹風蘭雨」，新竹風強，宜蘭冬天受東北季風影響、細雨綿綿，夏天又豪雨不斷，平均一年裡有二百二十天都在下雨。羹湯料理應該是跟天冷食物保溫有關，羹湯能讓湯有更好的保溫效果，在廚師術語裡稱為「潑魯」，也就是勾芡之意。

絲魯肉說穿了就是一道什錦羹，什錦羹聽起來是一道再普通不過的料理，沒有特殊限制或成規，甚至連酸辣湯都能算得上陽春版的什錦羹。不過絲魯肉有一個別道料理所沒有的重要特色，就是蛋酥。

蛋酥就是把蛋液透過篩子流至熱油鍋裡，利用手不斷抖動的技巧，讓蛋液像雨滴般落入油鍋，一經油炸而成如珍珠般大小的顆粒。吃起來香酥濃香，和蛋花一點都不同，蛋花像是湯裡的真絲綢，蛋酥則像湯裡的假肉燥。簡而言之，泡到羹湯裡就是多了油香與層次感。

陳兆麟說：「很多店家做的

蛋酥用的是雞蛋，不過真正的蛋酥用的是鴨蛋，宜蘭養殖鴨的歷史悠久，連蛋糕都是鴨蛋做的，只有鴨蛋才有足夠的蛋香。」

除了蛋酥，羹湯也是絲魯肉的重點，在宜蘭聽過一個關於「羹湯」的故事：有位父親外出工作的回程途中，途經一家肉羹店，為了讓孩子們也能吃到好吃的肉羹，父親決定打包回家。不過早年並沒有塑膠袋，他只好先跑去五金行買鍋子和草繩。

經過一番折騰才打了一鍋熱騰騰的肉羹，蓋上鍋蓋，用草繩順著兩側提把紮緊，再捆到腳踏車後座。不過鄉下小路顛簸，村子之間的距離又長，等到家時，肉羹灑了只剩半鍋，父親的褲了卻濕了一大半。這故事像在說著父親對子女的情感，如同羹湯般地濃稠。

日治時代，宜蘭太平山帶發現有大量檜木，日本人始開發此地，後來此地更名為「太平山林場」。這裡的檜木產量相當高，最高紀錄曾超越阿里山。山邊住了將近三千名工人及眷屬，榮景空前，儼然是一座山城，每天總有林工上山幹活。這些工人上工前多半會在這裡吃碗肉羹再上山，於是，宜蘭羅東的「林場肉羹」就位於太平山林木儲存場的對面而得名，也見證了時代的變遷。

【吃臺菜，學俚語】六月刈菜假有心。

宜蘭不只林場肉羹，還有北門蒜味肉羹、羅東肉羹番、八寶冬粉肉羹湯等，隨處可見肉羹攤子。宜蘭人早餐吃的就是羹湯或羹麵，足見當地人與羹湯的關係有多密切。

至於配料上，因為絲魯肉是一道菜尾料理，因此配料很具有隨機性，沒有特別限制。

羅東瑞祥渡小月除了一般配料外，冬天還會加白菜、夏季會加筍絲一起煮。此外，宜蘭龍園會館主廚黃俊淵說，如果想再研究絲魯肉的出身，可以觀察肉絲。溪南配料裡的豬肉絲會先以太白粉或與番薯粉混和裹粉油炸，溪北多是氽燙或拌炒，作法上以溪南較為正統。

宜蘭飲食的特殊性

宜蘭很難歸屬於臺灣的東部或北部，早年陸路有雪山山脈三面阻隔，把蘭陽平原像個C字似地包圍起來，唯一剩下的缺口沒有山卻是海，而且是波濤洶湧的海，一望無際的太平洋。在這樣封閉的特殊地理環境下，也使宜蘭建立起獨樹一格的方言、飲食與性格。

舉例來說，宜蘭人稱「冰」叫「霜仔」，烹飪名師、同時也是宜蘭人的雷蒙第一次到臺北，因為天熱口渴而向朋友說他想吃「霜仔」，結果朋友把他帶到五金行去，以為他要吃錐子。此外，宜蘭還有臺灣其它地方所沒有的臺菜，像絲魯肉、糕渣、卜肉、肝花等。

宜蘭就像一個小臺灣，臺灣以濁水溪為界分南北，宜蘭就以蘭陽溪為界，分為溪南與溪北。而就如同日本的關東和關西，或臺灣的南部和北部，宜蘭也有溪北、溪南情結。溪北開發最早，一七九六年漳州人吳沙開始進入蘭陽平原，直到一八七四年才逐漸拓展到溪南，兩地相差了七十八年。

在料理上，溪南走純樸的本土路線，重視老菜傳承；溪北都市化、現代化開發，強調新菜創意。

以蘭陽溪為分界，宜蘭的溪南與溪北羹湯特色也不盡相同。以湯頭來說，當地偏重以豬大骨熬湯底，口味偏甜。北部羹湯則除了豬骨湯外，多半還會加扁魚、柴魚片一起熬，這是許多外地人領教過就印象深刻的。另有一說溪北的肉羹還加蒜味，溪南則不加。

無論溪南或溪北，一群人裡頭如果有宜蘭人，他們必會以搶答姿態表示自己是宜蘭人，有時還會明確到宜蘭礁溪人或宜蘭羅東人。據統計，宜蘭人的「居民光榮感」高居全臺第一名。而宜蘭人這樣好面子的性格，竟也與絲魯肉的由來有關。

絲魯肉由來

有一說「絲魯肉」是一道流水席裡充場面的料理，流水席是一種在自家門前或路旁露天擺桌宴客，客人隨到隨吃，吃夠就走的傳統宴客方式，而宜蘭的流水席陣仗又比其他地區更加激烈與狂熱。

宜蘭的流水席流的是「人」不是菜，人潮要如行雲流水一直來去才代表有面子。說到宜蘭人，真是有夠拚！要拚陣頭、拚南北管、拚聲勢，連流水席都要拚人氣。對此，宜蘭人的回答總是：「對，愛拚才會贏！」

日治時代中期到光復前後，宜蘭就開始了辦桌的風氣，農曆正月十三與六月二十四日是關聖帝君（關公）生辰與飛升日為廟會的日子，家家戶戶就忙辦桌，即使再窮也要典當棉被、腳踏車甚至標會，只為籌錢採買食材。

宜蘭縣礁溪前鄉長林政盛回憶，眼看就要大拜拜，但家裡的豬隻尚小未能宰殺，只好到豬肉攤向販子賒帳，先跟他「調肉應急」，等到家裡的豬長大了再「以肉還肉」給老闆。宜蘭當地耆老回憶，一年拚完了這兩場大拜拜，過年就要「眼屎泗滴垂」了，打腫臉充胖子的結果，就是要縮衣節食度日。

【吃臺菜，學俚語】做豬食潘，做媽搖孫。

除了拚陣仗，還要拚人氣、拚菜色，如果鄰居開三桌，自家絕不能只有兩桌，還會出現路邊「拉客」的場景，原本是別家的客人，但只要跟自家有一點點熟（不熟也沒關係），就會派小孩子前往攔截把人招來。吃過一攤接著一攤，客人沒吃上兩、三攤是難以脫身的。宜蘭人的熱情程度到達「一人也開桌」的境界，就算只有一人，但主人為了留客，會馬上招徠家中的大小成員充當臨時食客，只為了陪這位客人吃飯，人數一湊滿就出菜了。

當然，說到菜色也是不能輸的，這時家裡的小朋友就成了「超級小間諜」，矯捷穿梭在攤子中打探別家菜色如何，再回來秉告父母。如果菜色寒酸，在親朋好友面前丟了顏面可是會被街坊鄰居笑上一整年，因此無論如何都要撐住場面。

吃飽了還不算，主人還要奉上「等路」，也就是伴手禮，因為客人往往從別村遠行而來，回程路途遙遠，萬一路上肚子餓可就失禮。這可不是打包菜尾，而是專程備妥，早期是半隻雞或鴨，晚期則改為養生奶、蛋糕、麻糬等點心。

當菜色盡出，冰箱裡可能也空空如也，只剩一些不成氣候的食材。但宜蘭人絕不輕言放棄，還是要拚的時候，就會把大白菜、肉絲、紅蘿蔔絲、香菇絲等煮成大雜燴算成一道菜。不過這怎麼看都有點怪怪的，擔心被看穿是殘羹剩料，於是加入炸好的蛋酥，營造好像豐盛到溢出來般的錯覺。

關於絲魯肉的由來還有一說，宜蘭對外交通不便，食材得來不易，加上過去沒有冰箱保存食物，因此多靠油炸來延長食物的壽命。而絲魯肉就是把辦桌吃剩的菜尾，再加上蛋酥裝飾而成的一道菜。宜蘭冬山八十四歲的莊吳阿絨說：「以前很窮困，常會拿菜尾來吃，不過光吃菜尾也很單調，便會加點滷白菜。但還是覺得不足，想添點肉香卻沒錢買肉，於是就把鴨蛋用來爆香增添香味，一方面也可讓身體增加油脂吸收。」

當菜尾成了桌上佳餚

不管絲魯肉真正的由來是甚麼，似乎都脫離不了「菜尾」的元素。菜尾原本是把吃剩的菜餚重新融合煮成一鍋湯品，是臺灣人珍惜食物的一種態度與表現。菜尾本身也有讓人無法抗拒的魅力，透過小火緩慢地熬煮，不斷地、細細地彼此滋養，展現一種駁雜的融合，卻又是一種難以取代的精華，因此才這麼迷人的吧。

早年物資貧乏，即使是菜

【吃臺菜，學俚語】腳骨長有食福。

尾也不捨得浪費，統統裝進肚子裡。記得小時候曾經參加過一場喜宴，讓我印象深刻。新郎在開席前不等賓客開口，趁空檔就發送塑膠袋給親友，還被長輩們稱讚「很懂事」。後來經濟環境改善了，很多大飯店開始禁止客人打包剩菜回家，一開始很多人不諒解，認為飯店不通情理，但站在飯店的立場上，擔心菜色發生變質，產生食用安全上的問題，菜尾文化才因而逐漸消失。

不過菜尾實在太迷人，吃不到剩菜，用現成的菜來做總可以吧！陸續在臺北、臺中等地，都有店家特別推出「菜尾」料理，約莫十年前，臺中有家叫「饗宴」的餐廳就這麼做。「早期宴請客人少不了豬肚湯、爌肉、人參燉雞等等，這些剩菜混在一起，才燉出了菜尾的不凡風味，根據這些線索，經過多次試驗，終於選定了四十多種食材混煮出了雜燴湯，成了美味的菜尾佳餚。[35]」

不只如此，菜尾料理在宜蘭還發展出了「絲魯肉」、在小琉球也有一道名菜「菜尾」。百海餐廳主廚李育憲說，在一九四〇至六〇年間，在辦桌上出菜到最後階段，廚師會把桌上剩菜統整，混上一些新鮮蔬菜，煮出經典的「菜尾」打包成伴手禮，讓主人送給前來道賀的親友。不過隨著經濟條件逐漸改善，「菜尾」在小琉球也變成一道專做料理，女方送喜餅，男方則以封肉、米粉與菜尾，當作致贈給親友的謝禮。

很多臺灣人都有相同的經驗，父母親去喝喜酒，小孩雖然在家寫功課，心裡卻期待著他們帶菜尾回來，看當天帶回的料好不好，就能判斷當天的喜酒等級。一邊回鍋熬著、煮著香氣噴發整室，一邊聽長輩們聊喜宴上的趣事與八卦。與其說臺灣人愛吃菜尾或絲魯肉，不如說是懷念那個艱困時代裡有滋有味的一切。

輯二

聽歷史說臺菜

臺味演進年代表

一八八四 東薈芳開業（已停業）
一八九五 日治時代始
一八九八 台灣料理一詞首見於《台灣日日新報》
一九二一 ・江山樓開業（已停業）
一九二七 ・蓬萊閣開業（已停業）
一九三〇 ・黑美人開業（已停業）
一九四〇 ・臺南霞點心店開業（即今「阿霞飯店」）
一九四五 日治時代結束
・臺中新天地開業
一九四六 ・臺北美觀園開業
一九四九 約兩百萬中國大陸軍民來臺
一九五四 北投公娼合法化，影響北投酒家文化成形
一九五八 ・華西街「台南擔仔麵」開業
一九六二 ・臺南阿美飯店開業

一九六四　・臺中白雪舞廳開業
　　　　　・臺北青葉餐廳開業
一九六五　・臺北梅子餐廳開業
一九六九　【北投酒家全盛時期】
一九七四　・臺北雞家莊開業
一九七七　・臺北欣葉餐廳開業
一九八〇　【土雞城、酒店逐漸興起】
　　　　　・兄弟飯店蘭花臺菜餐廳開業
　　　　　・慶泰飯店金滿臺菜餐廳開業（已停業）
一九八一　・來來香格里拉飯店福園臺菜餐廳開業（已停業）
一九八二　豬肝價格暴跌
一九八五　・臺北福華飯店歡樂宮台菜館（後更名為「蓬萊邨」）
一九九〇　【復興南路清粥小菜街崛起】
　　　　　・希爾頓飯店明皇餐廳自湘菜改為臺菜餐廳（已停業）
一九九三　・台北晶華酒店閩江春臺菜餐廳開業（已停業）
　　　　　・台中長榮桂冠酒店臺菜餐廳開業（已停業）
一九九五　・高雄漢來飯店福園臺菜餐廳開業

二〇〇〇　臺灣小吃躍上總統就職國宴

二〇〇六　政府開放陸客來臺觀光

二〇一〇　政府斥資新臺幣十一億元，推行「臺灣美食國際化」

二〇一三　春水堂前往日本設首店

二〇一四　大廚江振誠首度公開拋出「台灣味」議題

二〇一八　公布首屆《米其林指南—臺北》（MICHELIN Guide Taipei）

二〇一九　日本掀起以珍珠奶茶為首的臺灣手搖飲風潮

二〇二〇　冠狀病毒疫情在臺灣發生，加速餐飲外送市場興起

臺菜就是酒家菜？

「臺灣料理」（日文）四字最早文獻中首見於一八九八年《臺灣日日新報》中，當時普遍被認為是一種比較高檔、出自專業手藝的菜餚，並且得透過外食才能品嚐得到[36]。在日治時代有很多「料理屋」與「飲食店」，前者知名的有東薈芳、江山樓、蓬萊閣、春風得意樓、醉仙樓等，都屬於當時的高級餐廳，而這些餐廳原本多自稱為「支那料理」，最後才陸續統稱為「臺灣料理」。

商務功能強的「料理屋」

日治初期，最負盛名的是位於臺北大稻埕的東薈芳，它與艋舺的平樂遊齊名，直到一九二一年開幕的江山樓，又比前兩者更為豪華且盛大，蓋過前兩者的鋒頭。江山樓同時可容納八百人，成為當時有錢人最具指標性的交際應酬場所。一九二三年四月十六日，日本皇太子裕仁代替父親大正天皇來臺巡視，其中一場御宴便是由江山樓與東薈芳所合辦，可見當時的廚藝等級之高[37]。

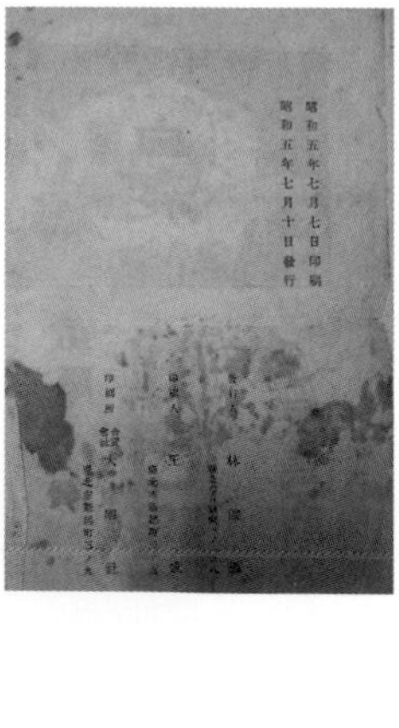

一九二七年正式開幕的「蓬萊閣」，雖然也很受歡迎，但一直有複雜的股東問題，到了一九三六年，數度易主後又重新開幕，但股東問題仍未解決，後期落入大稻埕茶業大亨陳天來之手，後傳其四子陳清汾。陳清汾是知名畫家，但花錢無度，「洋菸在過去是昂貴的舶來品，他卻每支菸只抽一口就丟掉。」黃德興說當年曾到他家外燴，見識到陳清汾奢華的一面，最後他將蓬萊閣轉手賣出，改建為一家綜合醫院，現址為臺北市南京西路上的「賓王飯店」。

在「料理屋」裡，除了享受美食外，還有藝旦作伴陪酒。以蓬萊閣來說，當時藝旦就有兩百位，屬於駐店型；而江山樓除了包廂、廚房外，還有洗澡房、理髮室、包廂等[38]。臺灣早年沒有冷氣，風塵僕僕來到此地的人，可以先洗澡、理個髮，好整以暇地用餐。

料理屋的菜色中有一道「八塊雞」，也是現在常見的一道菜，這菜在店內的作用是讓藝旦以手慢慢撕成一片片餵客食用，不過藝旦與客人的親密舉止也就僅止於此。藝旦平時空班時間最常做的便是吊嗓子，是名符其實賣藝不賣身，若被發現有賭博或私下接客的行為，可是要被開除的。

另外還有「飲食店」，店家規模、菜色、消費都較料理屋次之，但同樣也有女性陪酒。無論是料理屋還是飲食店，一般人私下多稱之為酒家，直到國民政府時期，才要求在廣告或文宣上要註明為「公共食堂」。為了與後來一般人所認知的酒家菜有所區隔，有人於是稱當時的酒家菜為「食堂菜」，但這樣的用法並沒有持續多久，主要是這些酒家也因為戰爭陸續結束營業。

第一代酒家菜：料理登峰造極時期

東薈芳、江山樓可謂第一代酒家菜的濫觴，當時提供的酒家多中國料理，而且以閩菜或福州菜為主，福州雖然也是福建（閩）的一部分，不過兩者還是有所差異。

福州菜偏酸、甜，是閩菜的主流，擅長用糟、蝦油調味；閩菜則包括了福州菜、閩西菜、泉州菜、廈門菜、漳州菜等，還會加入沙茶、芥末等調味。如：新中華與鳳林酒家是屬於福州菜系；蓬萊閣、江山樓與上林花是屬於閩菜系，福州菜酒家在數量上只有閩菜酒家的十分之一。

以蓬萊閣來說，光廚房人數就近五十人，負責閩菜有二十人、粵菜八至九人、川菜六人，另有備料、廚務人員共十二人，「各自分工細而相互不干預，因而菜系純正」。

例如，一般人會認為烤乳豬是粵菜的名菜，不過當時臺式作法卻更細緻，做成了「乳豬三吃」。這乳豬皮要不能有「膨葩」（起泡），如有起泡就要趕緊用針刺破。首先將乳豬完整烤過後，先祭出最精華的肚腩部位，食其香嫩肉汁；二吃則是取豬皮沾甜麵醬、蔥段夾荷葉餅，食其油甜酥脆；三吃將豬頭、尾剁塊與剔下身體餘肉，下蔥薑蒜一同炒過，食其咬感味濃。「臺式烤乳豬在臺灣已經較難吃到，不過在菲律賓、新加坡人等福建人較多的地方，還有類似作法。[39]」

黃德興補充，當時湯底分為三種：第一等湯用的是蛇肉、牛肉、雞肉與火腿，各自蒸熟後，再將這些湯汁合為一鍋湯底，配上處理過的燕窩、白木耳或竹笙，做成燕窩湯、竹笙湯或白木耳湯。以前的竹笙與白木耳來自中國大陸，野生採集十分珍貴。這熬湯底用的材料也不浪費，蛇肉可做成三蛇羹，三蛇羹是取雨傘節、眼鏡蛇、龜殼花三種毒蛇，撕成細絲熬煮而成。至於牛肉就能做成紅燒牛腩、清蒸牛腩，雞肉可以做成雞絲魚翅等等。

第二等湯的湯底，用的是老母雞、蹄腳、枸杞、牛腩、豬腳、魚翅頭、火腿為主，其中雞、豬腳、蒜頭與蔥都要先油炸過，將香氣逼出來再與魚翅一起燉煮，把味道經過時間慢慢煨進魚翅裡，喝的是魚翅湯，這兩項都是屬於宴客菜。

第三等湯，才是現在常見的大骨湯，多用在喜宴宴席上，需要一次大量用湯的場合。

「至於現在的餐廳，連三等湯嘛無，多用的是味精。」現在許多店家都標榜用的是大骨熬湯，並引以為傲，沒想到只是過去的三等湯罷了。

總之，這時期的食材高檔而做工繁複，光從廚務人員有十二人、甚至超過一個菜系所需人數便可知道，備料工夫做得十分扎實，這也是料理得以品質穩定的重要關鍵。

酒家菜怎麼吃？

當時吃酒家菜，上菜後不先急著吃，主人要先舉杯向客人敬酒，客人跟著喝酒，喝了酒後再由主人挾菜勸客，客人這時才得以開動挾菜用餐，每桌還有辣椒與醬油共四碟，可自行增減調味用。

宴席菜的總數都以十道、十二道、十四道偶數計，當用餐到一半時，也就是十二道中的第六道時，稱之為「半宴」。這時會端上甜湯，主人得把客人的湯匙一一取回，放到熱水裡洗淨後再放回原處，然後同樣等主人勸菜後再享用甜湯。

喝完甜湯，要到宴席旁的小桌休息，這時抽鴉片的抽鴉片、抽菸的抽菸，主人還會吩咐佣人用臉盆端來熱水，洗好毛巾分送給客人。客人擦洗完臉手之後，才再度回到餐桌上，繼續下半場的宴席。同樣的，再重複開席時的禮儀——主人勸酒、挾菜勸用，直到再次上甜點或甜湯，宴席才算結束，這時佣人會遞上熱毛巾，再次擦淨手臉後至小桌旁稍作休息，之後才能告退辭行。如果有藝旦陪宴，在開席或半席時都要演唱[40]。

第二代酒家菜：料理原創性高時期

一九六〇年代，酒家又再度蓬勃發展，仍沿大稻埕一帶而立，除了創立於一九三〇年的黑美人外，還有白玉樓、杏花閣、五月花、醉月樓等。「黑美人」臺語諧音就是“All Beauty”，可說是絕妙好辭。黑美人至今仍霓虹燈閃爍，二〇一一年行情一桌起桌價八千元，外加包廂費兩千五百元，樂團、小姐與酒水另計。

戰後休養生息，國民生產毛額從一九六〇年的一六四元美元，來到一九八〇年近二四〇〇美元。口袋有錢就有能力上酒家，不只是男人，在當時餐廳為數不多的年代，酒家成了宴客、壽宴、交易、應酬

之處，甚至是公家單位下班後「喬事情」的地方，黑白兩道也穿梭其間。但即使如此，酒家對一般人來說，仍然是充滿神秘感的場所。

第二代酒家菜初期經常用的食材有雞、鰻、魚翅、鱉，比起第一代酒家菜，有延續過去，但更多的是創新。這時期的菜色少了文人菜的雅氣，多了賣點與賣相，也可以說是臺菜歷程中原創性較高的年代。光鮑魚作法就有三十多種，每位在酒家工作的大廚們，都要有研發一、二百道新菜的能力，人人口袋裡都有一張神秘的小菜單。

如一道「鯉魚蝦」，將蝦泥捏成一隻隻鯉魚形狀，插上瓜子仁模擬鱗片，再下鍋酥炸。還有如「鳳尾魚翅」，原是滿漢全席中的一道菜，不過臺式酒家菜只取其菜名，作法卻截然不同，以雞皮包住魚翅，魚翅經過加熱，翅針自然伸展開來，其針會自尋雞皮毛細孔刺穿而出，令成品猶如刺蝟，十分神奇。

另一道「七仙女」可不是什麼酒國名花，而是一道菜名，連菜名都很有粉味吧！這道菜讓陳渭南至今仍印象深刻。顧名思義就是有七樣菜，在一個大圓器周圍擺六樣菜，中央可放熱炒或湯品，加起來共有七道，可說是一個超級豪華大拼盤。六樣菜裡有一道固定的是罐頭鮑魚，另有海蜇皮或海蜇頭、白斬雞或燒雞、烤烏魚子或烤中捲、滷大腸或豬肚、涼拌鴨舌或鴨掌。擺正中央的當然是重頭戲，可以是熱炒，如：炒雞睪丸、炒香螺或皇冠（雞冠），也可以是勾芡、紅燒或清燉的湯品或手路菜，像雞翅裡塞酸菜、塞竹筍、塞香菇或火腿等。

「七仙女」無論作法或組合都變化多端，懂得點這道菜、還指名要放什麼菜，就可知是內行的饕客；這道菜同時也可看出師傅的烤、煮、涼拌、燒、滷等廚藝功夫。

第二代酒家有一點很特別，很多菜都只用來免費招待。酒家的股東多，每位股東都是老闆，人必稱「董事長」，因此一家店裡有幾個王董、張董、李董，實屬稀鬆平常。針對熟客，股東們會「撒米速」送個小菜或小火鍋，這時服務生會喊道「王董招待」、「李桑招待」或「媽媽桑招待」，給足主人面子。「一道菜成本只要兩、三百，但主人奇摩子爽，一掏就是一、兩千元小費，以現在物價來算就將近是一、兩萬元了。」當時為了爭取小費，師傅們無不在菜色上下足工夫，甚至還出現「炸冰塊」這種怪菜，據說比炸冰淇淋厲害幾百倍，成本只要十五元，卻能炒熱氣氛，還能創造一、兩萬元小費，經濟效益奇佳。

與情色分不開的酒家菜

當時商人應酬的第一攤通常是一般民間餐廳（有的也會直接上酒家），第二攤到酒家，第三攤才到北投洗溫泉。酒客可能在第一攤已經吃到七、八分飽，到了酒家就只吃點熱菜，續到北投溫泉飯店時，就只吃得下清粥小菜了。

北京永泰福朋喜來登酒店中廚高級廚師長武力曾來臺客座，他訝異臺灣夜生活蕭條，「半夜兩點，九成店家都打烊休息了，北京的夜生活才正熱鬧！」眾人大讚北京人體力好，他回答：「這不是體力好不好的問題，是大家心情都好。」這也得以說明臺灣當時跟現今的中國大陸一樣經濟快速起飛，生意人錢賺得多、意氣風發，自然有十足精力跑上三攤。另一方面，人們在極短時間內面臨到前所未有經濟環境的劇變，確實需要一種激烈的紓解管道吧。

當時包括酒家、茶室這些特種行業都受政府控管，酒家稱為「菜店」，酒店小姐私下被稱為「菜店查某」。當時的侍應生與服務生需要接受訓練，「侍應生」以現在說法應算是公娼，「服務生」應該算酒店公主，受訓內容分為學科與術科，受訓地點在戲院與公園，訓練項目有救護、政治、防諜、宣慰講話[41]，看起來很像軍訓課程。

不僅侍應生，連服務生都要定時進行性病檢驗（當時報紙寫的是「檢查下體」），經過檢驗發現，服務生得到淋病與梅毒的比例居然比侍應生還高。經深入了解才知道原來服務生也會偷偷接客，而且因為未領有牌照，夜渡資比侍應生低，加上沒有定期檢查，也就未能及時治療，使得花柳病益加蔓延。

臺北酒家平均每家都有上百位小姐，屬於駐店型態，美色水準較北投一致。領有牌照的酒家，客人若有需要，會帶出場吃宵夜或過夜；沒有牌照的地下酒家則有神秘隔間，稱之為「分房」，例如酒家的二、三樓是用餐區，四樓就有空房可供「處理一下」。

人說「醉翁之意不在酒」，當然更不在菜了，那酒家菜為何要如此講究呢？原來以前生意人在外談酒家話題、分享心得，直接討論哪家小姐漂亮、哪家身材不錯有失文雅，於是會以提「哪家菜色做得好、哪家師傅的手路菜有一套」，就能光明正大的分享。

酒家菜沒落之因

第二代酒家菜比起第一代相形失色，到了第二代晚期更每況愈下。原因之一是當時兩岸無法通行，即使走私也價格昂貴，高檔食材取得不易，久而久之，會做的人也逐漸生疏。其次，初期的酒家師傅隨時間年老病故、移民海外或轉業，廚藝傳承出現斷層。最後則是現實環境考量，當時進入工商業社會，講究的是效率，因此廚房人手大為縮減，在食材處理程序也就相對簡化了。

這時期的酒家之所以凋零與後期餐飲水準下滑，很大原因跟稅金有關。國民政府時期，政府對酒家抽稅極高，剛開始抽「筵席稅」，每桌抽二十％，而且還要求五天就要繳一次[42]。這讓許多酒家老闆們都大喊吃不消，黑美人、東雲閣、白玉樓、望花台的老闆們就曾經聯合陳情：「自願依據最近三個月的平均稅收數額增加一成半稅額，希望財稅警聯合查緝執行小組停止前往酒家駐徵筵席稅，否則酒家要關門大吉了。[43]」

不過政府並未因而鬆手，反倒在一九七三年起另徵收酒家的「許可年費」，甲級酒家（大型酒家）每年得另繳三十萬元[44]，才時隔一年，竟跳漲了五倍[45]，費用來到一百五十萬元。至於筵席稅不僅沒少徵，還增加到了五二％[46]，隔沒兩年，許可年費再漲三倍，甲級酒家的許可年費就高達四百五十萬元。到後來，業者已經無力負擔，甚至與政府協商用分季償還稅金[47]。

這樣的高額負擔，使得酒家老闆自然需要縮減成本以負擔稅金，也就無力將心思放在菜色上，使得酒家逐漸走入地下化，變成無照營業的酒家，或是選擇關門大吉了。

北投・酒家・菜

許多人都聽說過「北投酒家菜」，它與臺北的酒家菜有何不同？它不能光從「菜」來看，要從北投→酒家→菜的順序來看，這樣才能對菜有更全盤的了解，而且有了北投與酒家的背景，菜才顯得有意思。

日本人眼中的極樂之旅

談到北投溫泉旅館的興起，要先說到北投地理的獨特性。北投與士林原本不歸屬於臺北市轄區，而是隸屬於「陽明山管理局」，一九五四年核定成立「女侍應生住宿戶聯誼會」（公娼制度），使當地成為合法的風化區，以現代的話來說就是「紅燈區」。但北投的紅燈區條件更優渥，還有天然溫泉與住宿服務，食、色與觀光都包了，情色的芽頭逐漸開始滋長，如藤蔓般在北投的山區纏繞盤旋。

在一九六九到七三年間，北投華南、熱海和萬祥等幾家觀光飯店陸續開業，最高紀錄曾達七十八家旅館，其中以新秀閣的裝潢最豪華，吟松閣則專做日本客。當時日本有純男性觀光客包團，標榜「極樂之旅」，就是搭飛機到臺北進行北投兩日遊。每天都有一、二十輛遊覽車從松山機場直駛北投，觀光飯店天天客滿，旅行社還要透過關係拜託旅館和飯店，才能訂到房間和宴會廳，可說是北投溫泉的巔峰時期。

直到一張照片——美國大兵面露微笑，左右手各摟著一個裸女共浴，登上國際媒體版面，使得事件鬧得沸沸湯湯，激起了臺灣的民族自尊心，蔣經國一怒之下下令掃黃。他便以將士林北投改為臺北市轄區為由，與當地業者協商，以走向國際化為目標，希望能協助當地業者轉型漂白，使北投成為一個純觀光遊憩的區域。後來一九七九年廢公娼制度，北投確實逐漸沒落，但也逐漸轉型成功，如今已成為一般家庭也能輕鬆前往度假的地方了。

只做熟客的特殊型態

現位於北投的「美代溫泉飯店」，早年名為「龍門飯店」，就是在一九七五年納入臺北市轄區後，發現臺北也有一家同名飯店，因而取諧音改名「隆門飯店」，直到幾年前，決定不再兼營色情交易而再度易名，便以老闆的名字「美代」為名，改為「美代溫泉飯店」。

美代總經理，同時也是第二代的黃光賢說道，北投地區旅館早年的消費型態十分獨特，甚至可能不得其門而入。從外觀看來是一家燈光明亮、正在營業中的旅館，但若進門表明要消費或訂包廂，服務人員便會來個軟拒絕：「對不起，今天已經客滿。」客人不免心裡納悶，明明就沒見到甚麼客人。這時，自以為上道的客人還會出下一招，「這樣好了，我這裡有五萬元，錢就先放在櫃台，我們先進去消費，如果消費額度超過，再來通知我。」服務人員還是不改口：「對不起，今天真的已

經客滿。」難道有錢還不要？

原來在北投地區，部分溫泉旅館是走熟客制（或者說半會員制），沒有熟人引薦是沒法消費的。會有如此特異的「規矩」，與消費制度有關，在這裡只要是被店家當作熟客，就能一切無往不利、予取予求、酒足飯飽、美女陪浴（當時是合法）、歡唱盡興，等到買單時，只要在本票上簽個名便行。

當年沒有信用卡簽帳，花了這麼多錢卻不需要付現，不僅讓主人做足面子，看在同行的賓客眼中，就是一種財力與信用最好的證明，雙方生意自然也容易談成。

北投的酒家

全盛時期應召到北投旅館、飯店陪酒、陪宿的女侍應生有一千多人。女侍應生都是靠飯店櫃台來電通知，即刻搭著摩托車上山來供客人挑選，摩托車司機便在飯店外頭等，若經客人欽點，女侍應生便留下來，不滿意就搭回頭車下山，有點像宅配。華南飯店是當時數一數二的名店，當時如有載著大批日本客的遊覽車抵達，門口就站了五、六百位小姐可供挑選，盛況不輸今日的臺中金錢豹。

小姐們上班前要先上美容院妝點打扮，自然也就帶動美容業興起；而北投小徑、上坡多，因應小姐們上山下山，也帶動個人摩托車行的載送服務。再來就是那卡西，一種流動的、走唱的方式，以兩人或三人為一組的樂團表演，輪流到不同包廂裡演唱，用以娛樂酒客、炒熱氣氛。開始由歌手主唱，後續由酒客自由點唱，如今的紅星江惠、江淑娜、黃乙玲，都曾在那卡西演唱，當時北投一帶溫泉旅館才七十多家，但那卡西就有五百多團。

北投溫泉飯店與臺北酒家的結構不同，臺北酒店是駐店制，樂隊、廚師、小姐全是由店家付薪水；北投溫泉飯店則是外包制，小姐、樂隊都是外包，連廚師都可以各店相互支援，屬於流動制的組合，它在一種靈活的機制下運作，幾乎只要蓋好一家空殼旅館，就可以開始開始營業了。

除了上述特殊的消費方式外，北投一般溫泉飯店進門前會先收一筆清潔費，若要休息、過夜或叫小姐則另外計價。不全是酒客，一般家庭客也會在溫泉飯店舉行壽宴或滿月酒，價格較大眾化。至於臺北酒家主要就是商務人士談生意、應酬，有小姐服務、陪酒，自然價格較高。

北投的菜：主隨客便混搭風

在菜色上，與大稻埕相較起來，北投溫泉飯店的菜色大宴小酌均有，針對日本客還多了會席料理與解酒用的清粥小菜。而日本料理後來也與廣東菜、臺菜融合，成為混搭式的搭配，例如：日式生魚片、燒臘拼盤、魷魚螺肉蒜鍋等。這種日式、廣式、臺式菜色依順序參雜，也可能一個拼盤中同時有日式炸蝦、港式燒臘、涼拌竹筍美乃滋的菜色，是一種沒有框架與派系的組合方式。

比起三、四十年前，現今的北投溫泉旅館在菜色上又添了一些變化，增加了些許異國料理的元素，包括酸辣雞翅、月亮蝦餅，或激辣的韓式泡菜也融於其中，是一個以商業為導向的料理型態。

而令人意外的是，當時在北投綠園飯店的女服務生沈雲英，離開北投後在臺北市經營起專賣清粥小菜的餐廳「青葉」，使得在北投原本被當作醒酒、宵夜用的清粥小菜開始冒出了微弱的火花，之後竟大放異彩、海外設點，成了現代臺菜的代表，讓許多人始料未及。

女人撐起臺菜的一片天

縱使可能會引起很多男人的抗議，不過臺菜確實是女人撐起的一片天，女性用柔軟又堅毅的態度，讓臺菜得以經過時代的摧折而有幸存留下來。

一份非正式調查，臺灣餐廳超過十年存活率的只有百分之七，超過五十年的只有萬分之一。在大陸要找到百年老店比比皆是，但在臺灣得以歷經五十年而屹立不搖的餐廳，就實屬難得了。

臺北的青葉餐廳創辦人沈雲英、欣葉餐廳創辦人李秀英、雞家莊創辦人李雪玉、梅子餐廳創辦人王梅子、臺南的阿霞飯店吳錦霞、真的好餐廳總經理黃棐音。這幾家目前仍是枱面上數一數二的臺菜餐廳，都是由女性掌舵。她們不是老闆娘，而是貨真價實的女老闆，這幾家店目前多傳至第二代，其中阿霞飯店與雞家莊仍維持女性主導，她們經營餐廳的傳奇故事，與一般男性主事者有很大不同。

女子遠庖廚？

女性開餐廳、尤其是開中餐廳，難度高過男性，因為女性多未能

圖片提供／青葉餐廳

圖片提供／青葉餐廳

深入餐廳的核心——廚房，一方面受限於早期廚房設備簡陋，一方面是先天體能限制。如果你曾進入過簡陋的中餐廳廚房，絕對會對廚師這行業肅然起敬，吸力虛弱的抽油煙機、高溫燠熱環境，連五臟六腑都快被烤熟了。中餐講究火候，道道都是以大火快炒、高溫油炸烹調的料理，轟隆隆的快速爐讓廚師們得扯開喉嚨嘶聲叫喊，晚年聲帶受傷者比比皆是，法樂琪餐廳負責人張振民的啞嗓便是這樣來的。我們桌上的道道美食，是廚師用健康與血汗換來。

軍人的舞台是戰場，而餐廳的戰場便是廚房，猶如每天都上演的叢林實戰。動物都有建立自己勢力範圍的本能，行船與廚房最明顯，無論是船隻或廚房，都是將人長期安放在極小的區域中，因而人類的動物本性便逐漸顯露出來，對領域開始有所捍衛、掠奪、侵占。因此男人在廚房裡勾心鬥角、爾虞我詐，髒話就像隨手擠出的番茄醬一樣多。

而女性既進不了這個血淋淋戰場，又如何主導其中？與大廚關係不好，就要擔心掌握口味好壞的大廚動不動拿翹；與大廚關係太好，在保守社會裡又要避免被閒言閒語；在外場與客人關係也要拿捏，太殷勤怕被吃豆腐、招呼不夠又怕被客訴。

從北投酒家菜到臺菜餐廳

當北投溫泉旅館的紅男綠女仍在醉生夢死之際，原本在北投綠園飯店擔任服務生的沈雲英，帶著北投酒家菜中做法最簡單、技術門檻最低的「清粥小菜」往山下另覓一片天。她與親戚在臺北圓環（重慶北路一段與南京西路交叉路口舊建成區）一帶開了一家名為「紅葉」的臺菜餐廳，菜色以清粥小菜為主，從六張桌子的小店開始做起。

由於沈雲英交友廣闊，一些過去北投的舊識便會帶著日本客人到她店裡光顧，日本人通常只有生病才吃粥，看臺灣人吃粥感覺有趣，加上口味清淡，漸漸就越來越受歡迎。

青葉餐廳的風光

沈雲英有一票結拜的好姊妹，她後來決定與這群姊妹們自立門戶，在臺北市六條通開了一家臺菜餐廳，取名「青葉」，成了現在臺菜餐廳的濫觴。六條通一帶正是日本人居住的聚集處，沈雲英有日文底子，很多日本黑道老大、白道的商社社長都是她的熟客。有日本人加持與第一代主廚顏老允的廚藝佳，在這樣天時地利人和的情況下，聲勢水漲船高，當時甚至在觀光客間留傳著「沒到過青葉，就沒去過臺灣」的說法。

青葉有多風光？「只要報出青葉的名號，在外面餐館謀職就變得很搶手。」在青葉任職三十七年的主廚鄭堯旭說道。「以前不興預約，到青葉用餐還得抽號碼牌，無論天氣多冷，都有人在門外排隊。」當時很多人都知道，「青葉那時不接桌菜，並非做不出來，而是青葉講究客流量，若是接了桌菜，一坐就很久，根本無法有翻桌率。」

好友徐文玲告訴我：「小時候如果知道晚上要去吃青葉，全家人就會一整天餓肚子等著晚上吃大餐。」

當時尚未有刷卡服務，所有人用餐都以現金買單，餐廳的會計每天從午餐、晚餐、宵夜分三次時段，把結帳後的現金送到沈雲英家，雖與餐廳只隔一條街，卻需要保鑣在一旁做陪。

青葉也把獲利分享給員工，以當時的物價來說，吃一碗陽春麵只要十二元，但青葉就拿出好幾百萬元盈餘分給內外場員工。由於負責人清一色是女性，站在女人立場，也鼓勵員工生產，不成文規定是生一個小孩就發獎金六千元。

青葉就算每天從早上九點開店，一直到夜裡十點關店，沒一刻休息，仍無法消化客量，因此爾後在對街再開了一家分店，兩店光員工人數加起來就有近百位，全盛時期全臺北曾擁有十四家分店。然而，分店生意卻不見得間間興隆，「或許是客人心理作祟，覺得本店的菜比較正宗，其實分店資源也是從本店傳過去的。」

欣葉餐廳的崛起

青葉分店股東之一的李秀英，後來自立門戶創辦了欣葉餐廳，一九七七年在臺北市雙城街落腳。李秀英做生意腦筋很靈活，司機如果送客人來店裡用餐就送一條菸、北投小姐帶日本客來就有得抽成或送化妝

品，因此生意源源不絕，再加上養母張寶珠，以及旗下兩員大將——人稱「羅東師」的官茂寅、人稱「阿南師」的陳渭南通力合力之下，店內生意日漸穩定。

如今欣葉已經集團化經營，目前旗下有日式料理、呷哺呷哺涮涮鍋、咖哩匠咖哩專賣店等，在新加坡、日本、大陸北京也均有臺菜分店，年營業額達新臺幣十四億元，儼然成為臺菜餐廳的代表。

一時葉子滿天飛

欣葉開業沒多久，分出了另一家芳葉餐廳，負責人蔡禮樂在商界十分活躍，經營芳葉已非採傳統小吃店角度，而是以企業化、集團化的方式經營。現在很流行的電腦點餐服務，一九八七年芳葉集團就斥資千萬，研發如麥當勞的電腦點餐技術，計畫往中餐速食的方向進行，後來還推出「臺菜吃到飽」餐廳。

芳葉的菜色不侷限在清粥小菜，臺菜宵夜、大宴小酌、海鮮宴會、山珍野味及石頭火鍋等各式料理通通包辦。店面位於臺北市仁愛路四段（當年財神酒店後方），是當時臺北的精華地段，類似現在臺北市信義區。臺菜餐廳可以開在這樣的地段，代表吃臺菜是當時一種高級享受。

或許是葉子效應發酵，一九八二年在臺北市中山北路二段還開了一家金葉臺菜餐廳，以供應臺菜、海產與清粥宵夜為主，另有每客五十元的「臺菜定食」，包括白飯、排骨、烤鰻、煎蛋、青菜、沙拉、湯等。一時葉子滿天飛，只是後來葉字輩也逐漸凋零，只剩青葉與欣葉兩家屹立不搖。

現在在青葉本店裡仍有很多老將坐鎮，服務生清一色都是熟女，胸前的基本配備是老花眼鏡，要不是已待上四十年，就是已當阿嬤。臺菜最吸引人的不是山珍海味，而是老店人情味。

至於男性跑哪去了？男性不將招牌釘死在「臺菜」的字眼上，而臺灣人愛吃海鮮，於是便多命名以「海鮮餐廳」，但實際菜色也不離臺菜範疇，如華西街臺南擔仔麵、臺中新天地、海霸王、新東南，都屬於這類餐廳。

臺菜中的土雞城料理

臺灣早從江山樓、蓬萊閣時代，菜單中便有許多以雞為主的料理，如蓬萊閣的招牌菜之一就是「脆皮雞」，還得選用淡水、中壢一帶的雞，「這雞是養在相思樹下，相思樹葉掉落泥土會變成肥沃的土肥，吸引蚯蚓、毛蟲，雞就吃這蟲長大，雞就特別肥。」

臺灣人吃雞很講究，土雞、閹雞、放山雞、仿土雞、肉雞、蛋雞、烏骨雞等，各有不同的烹調方式。而土雞城料理可說是首次出現的雞料理（尤其是雞鍋物）的主題專賣店，土雞城出現了許多原創性、在地化料理，是臺灣近代庶民飲食中重要的一頁。若開車往市近郊循著山路走，就會見到各式五花八門的立牌，招牌舊一點的、有點褪色的，往往是土雞城的招牌。

土雞城由來

釣蝦場跟土雞城約莫興起於八〇年代，土雞城要比釣蝦場略早些，當時臺灣剛度過第一次能源危機，經濟開始起飛，生活條件已獲得改善，一般人除了工作，也開始重視休閒生活。那時還沒有週休二日，週六還要上半天班，過了中午才能下班。假期也只有一天半，去不了太遠的地方，因此到郊區鄉野裡踏青、溯溪，就成了當時的休閒主流。不過，光有得玩卻沒得吃又嫌單調，因此山野間便興起了土雞城這類兼具休閒餐飲的店家。

「土雞城」顧名思義就是提供許多土雞料理的店家，多半是蓋在山邊的平面鐵皮建築，沒有密閉窗戶，因此不會自稱「土雞樓」或「土雞餐廳」，又由於占地面積往往超過百坪，因而誇稱之為「城」。雞是一般人接受度最高的禽類，相對於專用來生產雞蛋的蛋雞或速成的肉雞，土雞標榜的是農家自養、活動空間大，肉質緊實有咬勁，因此很受歡迎。

以臺北來說，陽明山與北投是土雞城興起最早的地方。當時臺北市政府為輔導農產品運銷，大力闢建產業道路，原本不易到達的深山角落，卻因為開路後而多了一些新開發的處女地，使得尋訪秘境的遊客更容易到達，也進而促成土雞城的發達，四處林立土雞城可說是各踞山頭。

雖只有一天半假期，假期短才更要過個夠癮才行。星期天可以晚起，於是當時就很流行「夜遊」，深夜裡節目也不少，有些人選擇看完夜景、洗完溫泉後再殺到土雞城去吃宵夜直到半夜兩、三點，酒足飯飽才下山。這也使得土雞城越夜越熱鬧，原本該是一片漆黑寂靜的山林，卻反而燈火通明、笙歌不斷。

雖說一邊吃一邊得以飽覽山色風光，或感受溪水泉湧的感覺還不賴，平日土雞城的客群多為業務員、自由業或藍領階級為主。一般上班族工作時間固定，難以四處自由行動，尤其到近郊又需要較長的移動時

間，加上蚊子、蒼蠅也不少，待慣冷氣房的上班族多半吃不消。

土雞城的全盛期約在一九九〇年到一九九五年間，當時臺灣股市上萬點，沒甚麼不盛的。但九五年後，土雞城生意便不如往日盛況，位於新北市新店區的錦龍土雞城老闆呂添傳說：「當時營造業蓬勃發展，很多客人都是蓋房子的，不過政府開始推行週休二日後，有人回鄉、有人計畫到外地旅遊，土雞城的生意便開始走下坡。」

土雞城除了提供雞料理外，為了爭取更多的商機，也逐漸加入很多附屬的娛樂功能。有溫泉的區域，便出現附屬泡湯設施的土雞城；釣蝦場興起，便出現附屬釣蝦場的土雞城；啤酒屋一流行，土雞城還有現場駐唱，廣口杯、生啤酒，樣樣都不少；卡拉OK伴唱帶更是基本配備，還有的提供兒童遊樂設施，甚至酒足飯飽之際，還能順便來一局方城之戰。

土雞城的菜色

行動上因時制宜，菜色上也能因地制宜，例如靠近南港山上產包種茶，當地就有土雞城推出「包種茶雞」；南投民間一帶盛產藥草「狗尾草」，「狗尾雞」就成了當地土雞城名菜。此外，土雞城多半是山間農家半主動興起，對於菜色沒有太多想法，幾乎是全國統一菜單，每家的基本菜色大同小異，從竹筍雞、菜脯雞、鳳梨苦瓜雞、破布子雞、白斬雞、麻油雞到蒜頭雞都是基本款。

雞湯需要時間熬煮，隨著時間越長，越煮味道越濃郁，這也是土雞城不至於淪為團膳餐廳的主因。像破布子、菜脯雞、鳳梨苦瓜雞，都是越煮越甘甜，因此品雞湯就成了主題，湯鍋底下放個小瓦斯爐燒著，冬天夜裡既可取暖，又可熬湯，眾人圍坐聊天，自然用餐時間拉長，各式話題與雞湯都是聚會的重頭戲。

土雞城面臨式微命運

發達了十幾年，土雞城也面臨到了困境。現有的土雞城幾乎沒有一家是完全合法，原因是它多處於山坡地，這些地區幾乎都是保護區，依法不能建築。即使有些土雞城的地點不在保護區內，但因山坡地的開發容易影響水土保持，政府規範特別嚴格，建築成本較高，也較難獲准建築。在此情形下，不管是不是保護區，業者為了省麻煩，乾脆不提申請，擅自搭建，結果造成無照營業，反而管理更困難[48]。

雖說還是有死忠顧客，不過除了環境衛生和違建問題外，土雞城還要挑戰繼而興起的景觀餐廳——吃異國料理、喝花茶，而不是維士比加臺啤。近年來，政府又實施酒測，別說到土雞城，就連一般市區的快炒店、海產攤生意都受影響，「全盛時期附近有十三家土雞城，現在只剩一半了。」

不過也別擔心土雞城會消逝，它不容易被淘汰，主要業主通常是當地人，店面不需租金，平日全家人充當內外場，假日則雇用親戚當臨時工，如此便可大量節省人事開銷。不過對農家來說，只要還經營得下去，他們並不想改變現狀，「在山上還能做甚麼生意呢？日子也就這麼過著吧。」這也是土雞城業者普遍的心聲。

臺菜首重味淡

近年來兩岸交流頻繁，大陸團客開放來臺，日月潭成了陸客必到景點。位於日月潭附近、南投縣埔里鎮的金都餐廳總經理王文正曾說：「已準備了三百斤的辣椒，就等陸客來，為配合各地口味，北方人重鹹，湖南、四川人愛吃辣，辣椒是少不了的。」只要是有陸客在的餐飲場子，不僅鹽巴加量不加價，而且轉盤上一定會有四大碟調味料——兩碟醬油、兩碟辣椒醬。

不過陸客也不見得吃得慣臺式醬料，他們口耳相傳來臺要隨身攜帶的，可不是腸胃藥，而是調味料。一位曾經受邀來臺客座的甘肅廚師告訴我：「大家提醒我要帶醬油跟辣椒，因為臺灣菜根本沒味道。」

有一年到山東去，當地導遊告訴我，臺灣遊客吃得很清淡，每次帶到臺灣團，總得跟廚師商量鹽少放點，但每次客人還是抱怨太鹹，直到有一次，客人終於說味道剛好，她便興沖沖地跑到廚房去告訴廚師：「以後就這樣照辦吧！」沒想到廚師回答她：「這樣剛好？我根本沒放鹽！」這可不是誇張，因為山東菜裡有很多食材都是滷製，即使不放

鹽，也已經有鹹度了。

臺灣人永遠在與食鹽用量賽跑

這幾年走遍大陸各省、港澳、新加坡，跟當地飲食比較、與當地人交換意見，所有人都有志一同：臺灣人是華人裡口味最淡的。這可是有數據可證，據統計，一九六〇年臺灣每人每年的食鹽食用量約十二公斤，到了一九八八年已銳減至七．三公斤。但衛生署仍耳提面命：「超標了！」那時臺灣人每日的鹽食用量在二十公克，離專家建議的八到十公克仍有遙遠距離。

說到鹽，臺灣知名導演李安有部電影「飲食男女」，靈感就是從家裡的餐桌上來的。李安的父親李昇吃飯時規矩多，在餐桌上很嚴肅，早年有個廚子叫老楊，老楊做菜時鹽往往放得重，無論怎麼勸總改不過來，甚至有一次連稀飯吃起來都是鹹的。有一次李昇火大了，趁老楊不注意，在老楊的稀飯裡也狠狠加了半碗鹽，待老楊坐下來吃飯，納悶地自言自語：「奇怪，今天稀飯怎麼那麼鹹？」展現出李昇調皮的一面，或許李安個性中也遺傳了父親隱性的一面。

再有一說是關於蔣經國的。多數人都知道蔣經國勤於下鄉、民間友人多。圓山飯店的高層曾告訴我，蔣經國很不重視飲食健康管理，剩菜煮了又煮、口味又重，等醫生發現他患了糖尿病時已經來不及了。他晚期飲食部分全由圓山飯店調配，調味變得很清淡，有此一說，他於是便趁下鄉民間友人招待他吃飯之際解饞，因此可以發現，他的民間友人很多都是專營小吃店的店家。

到了二〇〇九年，國人的鹽食用量已降至三．六公斤，約只有五十年前的四分之一，已經達到專家說的十公克內，算得上有長足的進步。只是專家的標準又改了，認為每天要吃六公克才健康。就像這樣，臺灣人似乎總在跟健康賽跑，但可以證實的是：臺灣人吃得越來越清淡了。

鹽稅制度始於漢止於蔣

鹽也在臺灣飲食史中扮演劃時代的意義，那就是鹽稅制度的終結。早年買賣鹽是要課稅的，一九五二年，也就是國民政府來臺的第三年，那時一年的鹽稅稅收約〇．二億元，但到了一九五三年，鹽稅每擔從三十六．一元，增至一百六十三元，成長四五〇％；一九六九年再度加碼，食鹽的鹽稅從每斤一．三四元增加至兩元，又再成長五〇％！果然是中華民國萬萬稅，在政府這樣「努力」之下，一九七五年的鹽稅稅收

竟高達一・九億元，也就是在將近二十年間，鹽的稅收增加了近十倍。

這樣的稅賦讓人民受不了，當時鹽走私猖獗、民怨連連，各界反對聲浪不斷，媒體透過輿論向政府施壓要取消鹽稅，終於在一九七六年，當時總統蔣經國宣布隔年取消鹽稅，至此，始於漢武帝時期的食鹽專賣制度終結於臺灣。

臺灣人不只少吃鹽，在飲食上也減少用油比例。臺灣人之所以如此重視健康，或多或少是從身邊親友的例子，體會到飲食與健康的重要。所謂病從口入，國人的十大死因首位為癌症，自一九八二年至今未曾改變過，其餘的疾病還包括心臟疾病、腦血管疾病、糖尿病等，都與飲食有密切關係。

不只如此，蔣經國因糖尿病引發多重器官衰竭而死，孫運璿因中風而與總統一職失之交臂，有「臺灣科技教父」之稱的李國鼎、民進黨大老黃信介、前總統嚴家淦及蔣經國之子，也就是臺灣東吳大學前校長章孝慈，均死於腦中風，這些例子就活脫脫在眼前，臺灣人怎會不吃得清淡呢？

貧瘠的滋味

面對災厄般的命運，幸虧臺灣人天性中有苦中作樂的因子，使得生命有喘吁轉圜的餘地，這一點從飲食中便觀察得到。

貧瘠的味道多少人記得？

澳洲原住民會吃木蠹蛾的幼蟲，住在西伯利亞北部的涅涅特人（Nenets）會吃身上的蝨子，還說：「像是在吃糖[49]。」這吃蟲的習慣可非國外獨有，臺灣知名風箏玩家謝金鑑，小時候家住新竹新埔一帶，他說當時很多小孩都吃過椪柑蟲，他形容這種蟲「長得像蛆一樣，不斷蠕動看起來很噁心」，「但對小孩子來說，只要能吃就好，而且放在瓦片上烤，真的很好吃，大人們也覺得很好，因為這種蟲蛋白質豐富[50]」。

說到這，長幼各級朋友們開始說起自己的童年，好像一場吹牛大賽。有人說他小時候嘴饞，沒東西吃就吃萬金油，因為夏天很熱，吃起來涼涼的也不錯；還有人說自己會趁刷牙時吃一點牙膏，甜甜涼涼的很好吃。

這些都還算有得吃的，臺灣美食展籌委會執行長蔡金川說，小時候若能撿到美軍丟棄的口香糖紙，光是聞那香香的氣味就很滿足。另一位

朋友則說當時家中靠撿破爛維生，以現在的話叫做「資源回收」，「父親撿到了美軍抽剩的菸屁股，就把菸紙撕開，把剩下的菸草兜一兜，再捆成紙菸抽。我拿到可口可樂瓶蓋，睡前就偷偷舔著瓶蓋裡殘存的一點汽水氣味入眠。」

作家鍾鐵民小時候最大的樂趣便是挖番薯飯，必須費力將布滿厚厚的上層番薯撥開，才能挖到底下的白米飯，「在這過程，有種如獲至寶般的興奮[51]」。

臺灣人樂天知命的味道

時間回到現代，新竹科學園區是臺灣高科技產業最大規模的聚集地，年產值大約有一．二兆臺幣。不過，距離竹科不到一公里的頭前溪畔，這幾年有來自臺東、屏東、花蓮等部落的原住民陸續聚居，他們大都從事綁鐵、板模臨時工。因為收入微薄，無以為食，而恰巧每家附近都能撿到大蝸牛，養三天吐沙後便能烹煮來吃，他們笑稱是「牛排」，不論熱炒煮湯，都吃得很開心。晚上團聚歡唱，炒蝸牛配「三合一」（米酒、伯朗咖啡、國農鮮乳）喝，自稱「好客村」[52]。竹科人雖然領有高薪，卻不時傳出爆肝過勞、自殺的事件；相隔一公里外的「好客村」雖然貧窮，卻夜夜笙歌，自得其樂。

這是臺灣原住民面對困苦環境時一種克難的飲食方式，雖然無奈，卻很能調適，相互安慰又或調侃，苦，也能苦中作樂。這並非是原住民才有的特質，閩南人說「時到時擔當，沒米煮番薯湯」，意思是說遇上任何困難就去面對或克服，總之一定會有變通的方法。

臺灣在自然環境上有颱風、地震、水患等各種無法預知的天災，十分無常，長期處於不確定的狀態，一般人無力抗拒，只能順從。但要順從甚麼呢？有時甚至連要依循的準則也沒有呀，因此只能以船到橋頭自然直，抱著「見招拆招，總會有辦法的」態度過活。

不過，怎麼說都還是作家黃春明的阿嬤厲害。黃春明小時家中貧苦，過年時能吃到的甜年糕數量每況愈下，一年，他只分到一片幾可透光的甜年糕，年糕硬的時候還是可以吃的，只是口感沒有油炸過得好。

他於是向阿嬤抗議：「這年糕怎麼這麼薄？」阿嬤說：「傻孩子，這個就是讓你咬成一隻動物啊。」阿嬤解釋，牙齒可充當人體剪紙機，要咬出一隻動物外型，小貓或小狗都行，所以要啃幾口、拿出來看一下，以免走形，一小片便得以吃很久。也許是遺傳，也許是教育，黃春明長大後，就成為一位創意無限的作家。

輯三

名店臺菜在我家

_01

掌握速度同步的番薯糜

臺北福華蓬萊邨版

材料（三人份）

國產蓬萊米100公克

台農57號番薯200公克

水 1000c.c.

※米、番薯、水的比例為1：2：10

作法

1.洗米。

2.大鍋水滾了之後，放入洗好的米。

3.當水與米一同滾了之後，放入切好的番薯。

4.間斷性地攪拌，待米芯開了便可熄火。

5.上蓋燜約半小時即可品嚐。

大廚選材

- 挑選番薯身材紡錘狀，避免凹凸不平的體態，否則去皮時容易耗損過多。

製作小撇步

- 番薯糜一般用生米煮（臺式鹹粥則是用熟飯煮），熟飯煮的顆粒較粗，口感不夠滑順。
- 番薯要以滾刀大塊切。滾刀是為了增加番薯的受熱面積，可加速變熟；大塊切成約半個拳頭大，其目的是增加口感，且不易在粥海裡化為薯泥。
- 番薯共有兩層外皮，外層皮就是與泥土接觸部分，內層皮連著果肉，略帶白色。若不削除內層皮，煮起來的番薯容易有像淤血的黑印子。有黑印子還有一種原因是番薯泌出的乳汁，屬正常現象。

- 在煮糜過程中，如果泔浮出泡泡就用杓子攪拌一下，讓冷空氣進入泔裡，這樣就不會漫出鍋外。切忌不要加冷水，在日本料理宗師小山裕久《料理的神髓》裡也提到類似的概念。因為當番薯外表好不容易已經有六、七分熟，中心有三、四分熟時，加冷水會使原本舒張開來的毛細孔如同被澆了一盆冷水，全身都凍僵了，毛細孔全又縮了回去。這樣一來一回間，不僅拉長熬煮的時間，也會使內部組織過度膨脹而破壞，降低了口感。

料理示範：**王哲文**（臺北福華大飯店蓬萊邨主廚）

番薯糜最重要的就是要把握好時間，如果不在對的時節、對的時間點吃，就吃不到最好吃的番薯糜了。對的時節指的是入秋後到隔年的四月，時間點就是糜煮好後的半小時至一個小時，這是黃金中的黃金時刻。

_02

一雙筷子完成的菜脯蛋

青葉AoBa餐廳版

材料（六人份）

沙拉油500c.c.

蛋5顆

菜脯150公克

蔥花、紅糖、白胡椒粉各少許

——菜脯的前置作業——

- 菜脯買回來後別急著吃，前置工作就需花一星期的時間，因此可以一次做多一點份量，除應用在菜脯蛋外，還能用來配飯、拌麵、炒小魚乾、辣椒、豆豉，也可搭配雞丁炒飯或取代鹽當調味料用，冷藏約可保存一週左右。
- 先以清水清洗掉菜脯縫隙裡的灰塵或細砂，再以廚房紙巾拭乾，加入紅糖以手輕抓按摩，使其呈濕潤狀。接著以紅糖醃漬，作用是讓菜脯不至於死鹹，屆時與蛋的味道密合度更佳。最後再覆蓋上保鮮膜，放入冰箱醃漬冷藏一個星期，要用時再取出並以清水沖洗10分鐘。

作法

1.菜脯切丁，可依個人喜好選擇顆粒大小，基本款是剁成約花生米大小。

2.起一油鍋加入少許蔥花、胡椒粉、紅糖炒香，倒入菜脯拌炒至顏色變深再撈起備用。

3.蛋打散備用。

4.炒鍋內倒入沙拉油，開大火，先下蛋液再放入菜脯。

5.關小火，等蛋膨脹成如甜甜圈狀鼓起時，倒除鍋內多餘的油。

6.用長筷子迅速幫蛋整形並撥均菜脯，使其分佈均匀。

7.將蛋翻面不動，約30秒後即可起鍋。

料理示範：**李漢斌**（AoBa餐廳副主廚）

想做出好看又好吃的菜脯蛋，油量不能少、火要夠大，說來簡單，卻需要經驗不斷揣摩。蛋本身吸油速度快，火如不夠旺，蛋就比較容易吸附油汁；但油溫過熱又會使菜脯蛋表面焦色，是一道需要不斷練習才能掌握訣竅的菜。

大廚選材

- 菜脯蛋用的菜脯，發酵時間不能太短，時間不足則蘿蔔本身原有的辣味未褪，但最長也別超過一年半。雖然市面上有現成的蘿蔔粒，不過最好還是買外型完整的條狀，品質較易掌握。選購色呈土黃、手按壓還帶點彈性與濕度者，味道較濃郁。
- 雞蛋最好挑新鮮的常溫蛋，當天購買當日使用，如果冰在冰箱過夜後再使用，蛋的含水量會變高，在製作菜脯蛋時容易冒泡，易使外型變得不光滑。

製作小撇步

- 許多師傅在煎菜脯蛋時會一直旋轉鍋子，其實並不需要，主要的關鍵在放入蛋的時間點。蛋會在鍋內整個擴散，只要用筷子快速收邊、把菜脯分布均勻即可。
- 最好選用中華鐵鍋，方便蛋聚集在中央。
- 剛開始可先從兩、三顆蛋做起，等成功率變高後，再慢慢增加至五顆蛋。

_03

講究糖化的煎豬肝

欣葉餐廳版

材料（四人份）

粉肝 150公克

沙拉油 1/3鍋

【調味料】

A.白胡椒、太白粉、香油各少許

B.米酒1茶匙、醬油1/2茶匙、
白糖1茶匙、白胡椒少許

C.香油1/3茶匙

【配菜】

香菜末3公克

蘿蔔乾少許

——豬肝的前置作業——

1.將新鮮豬肝背面上半部的白色筋膜切除乾淨。

2.用清水不斷清洗約5分鐘，拿起來時豬肝不再滴血水即可，之後以廚房紙巾拭乾水分備用。這個步驟目的在使豬肝內的血水盡出，煎出來的豬肝較不易黑硬。

3.豬肝切成約一巴掌長、約0.3公分厚。太薄容易熟透而變柴，也缺乏口感；太厚則容易外熟內生。

作法

1.將片好的豬肝與調味料A混合。

2.將豬肝放入約150度熱油鍋，以大火炸約15秒，撈起備用。

3.另備一乾淨炒鍋，放入調味料B，加熱至冒泡，再放入炸過的豬肝，用大火翻炒。待醬汁收乾，起鍋前加入香油即可。

4.盛盤時放入香菜與蘿蔔乾。

料理示範：**陳靖益**（欣葉餐廳忠孝店主廚）

想學好這道菜少說要兩、三年時間。豬肝煎出來變黑就代表油過熱、火過大，所以一下就焦了；若顏色淡就代表油溫不夠，抓粉無法附著在豬肝上。光用看的，就知道煎豬肝好不好吃。

大廚選材

- 豬肝可挑選表面光滑、無暗沉斑點者、手按壓盈滿有彈性為佳。

製作小撇步

- 鏟動次數越少越好，像欣葉作法是連鍋鏟都沒用，光靠甩鍋就讓豬肝沾附上醬色。一般人或許無法如此專業，但避免過度翻鏟是守則。
- 豬肝切法以直切為宜，厚度得以均一，若採片法就容易上下厚度不一，會影響烹煮時品質的一致性。

_04

少油小火煎香腸

高雄漢來飯店福園版

材料（三人份）
香腸3條
沙拉油半茶匙

作 法

1.香腸室溫下解凍。

2.如有彎曲狀香腸，可放在砧板上用手搓滾呈直條狀。

3.平底鍋添油開小火，放入香腸。

4.以鐵夾不斷翻動，再以牙籤在香腸四周戳幾個小洞，讓油汁流出。

5.待上色即可。

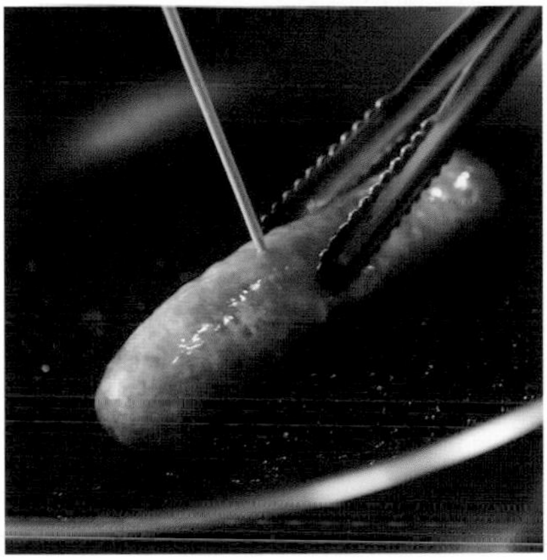

料理示範：**孫文昇**（高雄漢來飯店福園主廚）

有些人煎香腸會先蒸再煎，不過直接煎就很香了。在香腸身上戳洞，流出來的豬油汁又能再與油煎香腸起作用，香上加香。

製作小撇步

1.將香腸整為直條狀，方便後續油煎時，
香腸不會固定受熱在同一角度。

2.用鐵夾的好處是翻動較方便。

_05

蝦湯濃郁的擔仔麵

臺南度小月版

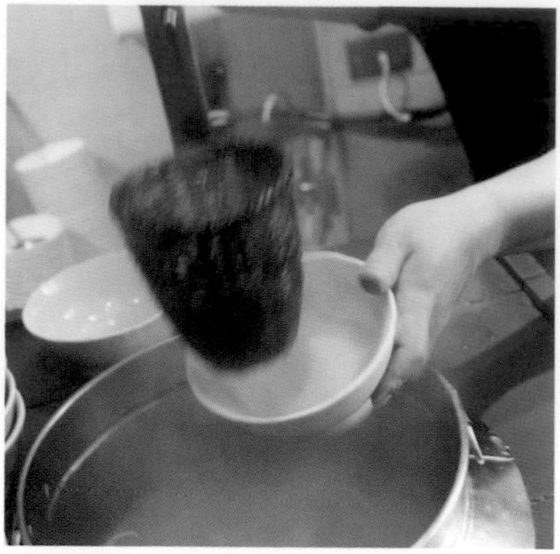

材料（一人份）

黃麵75公克

肉燥10公克

豆芽菜適量

【調味料】

烏醋3～5c.c.

蒜泥 2公克

香菜 少許

——前置作業——

〔熬製蝦湯〕

材料：

蝦子20隻、洋蔥半顆、水適量。

作法：

1.將蝦頭搗碎，加入洋蔥與適量的水，以小火熬煮4小時。

2.以細網篩過濾雜質，單取清湯備用。

3.其餘蝦身去殼、留蝦尾，汆燙備用。

〔豆芽菜〕

將豆芽菜放入冷水中浸泡約4小時，中途換一次水，使其去豆腥味。

作 法

1.水煮滾後，將麵放入汆燙約30秒。
2.當麵略浮起時，同時放入豆芽菜，約10秒後撈起備用。
3.以燙麵水燙碗，使碗身保持熱度。
4.將麵盛入碗中。
5.在麵上撒上香菜。
6.淋上加熱過的肉燥。
7.澆上蝦湯。
8.添入烏醋、蒜泥。
9.最後擺上白蝦即可完成。

製作小撇步

- 香菜盡量保留莖部，莖才有豐富的香氣，葉子則適合裝飾用。
- 肉燥的熬煮較費時，可直接購買市面上現成的肉燥罐頭加工製作；臺南度小月擔仔麵門市也提供肉燥罐頭販售。

料理示範：**張贛鈴**（臺南度小月擔仔麵新創事業部總召）

擔仔麵不是用來吃飽，而是吃巧，早年的份量約只有現在的五分之一，不過很神奇的是，真的是愈小碗愈好吃，因為美好就在於那意猶未盡的感覺。

_06

滲入蟳香的紅蟳米糕

臺南阿霞飯店版

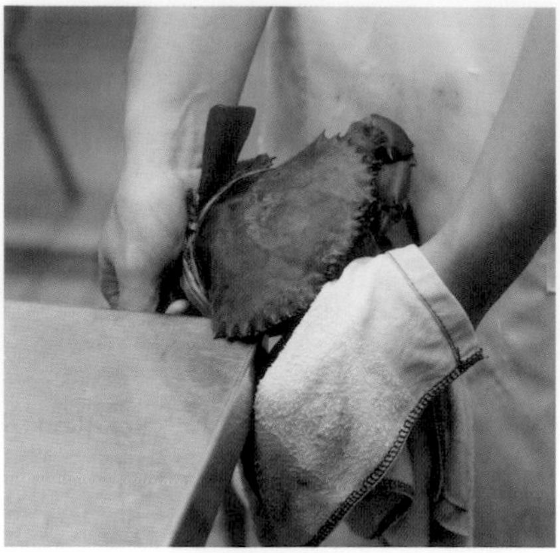

材料（六人份）

紅蟳1隻
糯米600公克
豬後腿絞肉150公克
乾蝦米75公克
油蔥酥75公克
香菇絲40公克
滷過花菇1朵
干貝絲40公克
鴨蛋黃2顆
蒸熟軟花生少許

【調味料】

豬油75c.c.
醬油150c.c.
高湯75c.c.
鹽40公克
米酒、糖、黑胡椒粉各少許

——前置作業——

- 避免夜長夢多，紅蟳最好現買當日食用。回到家後，準備一桶冰水，將紅蟳放入。水桶最好有點高度，可防止紅蟳越牆而出；冰塊則可將紅蟳凍暈，不至於動作過大，較好進行後續的處理。
- 若你覺得宰蟳很有成就感，就開始進行你的千秋大業吧！別怪我沒提醒你，紅蟳被撬開了殼、斬斷了螯，肢體仍會爬動。洗頭不能洗一半，一旦開始就得到撐到最後。

〔紅蟳〕

工具：

剁刀、烹飪用剪刀、水桶、冰塊、舊牙刷

作法：

1.撬殼：利用廚房的邊角或家中堅硬的支點，對準紅蟳兩眼中間的殼尖處，像開米酒瓶蓋般往下壓，蟳殼就離身了。

2.剪繩：左手靠近蟹臍下方，右手持剪，慢慢剪開繩索。

3.剪除蟹肺：白色如菊花瓣者為蟹肺，內有細孔，是螃蟹用來過濾細沙等雜質，也容易暗藏細菌，需仔細摘除。

4.摘下蟹臍。

5.剪除蟳殼內的裙邊。

6.剪除口器。

7.清洗蟳殼：外殼表面沾附許多細菌，可用舊牙刷刷洗，殼內也用清水略為沖淨，蟳黃並不會因而滑落。

8.剪開蟳殼：呈扇形般的蟳殼十分堅硬，一邊鋸齒狀、一邊平滑，對準鋸齒邊緣的中心點剪開，再將蟹殼對摺，便能輕易一分為二。

9.剁螯與拍螯：蟳最結實頑強的就是一對螯，剁下螯腳後，順著螯腳弧度、倚靠剁刀的重量拍裂螯殼。

10.四分蟳體：對準雙邊各兩隻蟹腳橫切一刀，再朝正中央縱切一刀。如果先縱切再橫切，蟹黃容易散落。

11. 最後清洗：螯的前端、蟳腳關節轉折處容易暗藏細菌，以水刷洗乾淨備用。

〔米糕〕

將長糯米泡水2小時，蒸20分鐘。

作 法

1.豬油熱鍋，將香菇絲、蝦米、絞肉用中火炒5分鐘，待肉熟後，依序加入醬油、鹽、油蔥酥、米酒、高湯、糖、鹽與黑胡椒粉，繼續拌炒1分半鐘至熟料上色。

2.將炒好的熟料倒入蒸熟的熱糯米中，加入花生並用飯匙拌勻。

3.將干貝、紅蟳、花菇、鴨蛋黃依序放至熟料糯米上，置於盤上蒸煮20～30分鐘即可上桌。

大廚選材

- 紅蟳又稱「青蟹」，本地人稱「蟳仔」，為交配過的雌蟳，蟹臍上尖下圓，帶有棕黃色，市價一斤約250～280元。雄蟳稱為「菜蟳」，蟹臍尖瘦，偏白色，市價一斤約350元。未交配過的雌蟳稱為「處女蟳」，俗稱「幼母仔」，蟹臍上尖下圓，偏白色，市價一斤約500元。市面上想要找到野生的紅蟳愈來愈難，大部分都來自養殖，蟳養殖場多在臺灣南部。許多人都覺得養殖的紅蟳有不好的氣味，因此有的店家會仰賴進口，像阿霞飯店就直言是使用進口的野生紅蟳。
- 要挑選好品質的紅蟳並不容易，專家總建議要將紅蟳對準光源，陰影多者表示蟹黃豐美。但此作法並不實際，因為市場裡光源不足，自備手電筒也不見得能辨其陰影的虛實，而且行徑怪異還可能遭魚販白眼。

  挑選時一般首要原則是必挑活蟳，至少可確保新鮮。但想要不只活捉且要有活力，就得拎著綁繩，檢查最後一對蟹腳是否如嬰兒般奮力踢動；嘴邊若開始吐白泡，就代表體態已經虛弱了。

  其次，挑選重量一斤左右的紅蟳，通常足供四到五人食用，拿起來手感沉甸甸者為佳。一斤以上的紅蟳不是不好，而是想買到的機率不高，數年前漁民捕到一隻一點八斤的紅蟳，就被當作新聞上報了。雖說現在一年四季都吃得到紅蟳，不過秋天的紅蟳還是最為肥美的。
- 挑好了紅蟳，最好請魚販協助處理，一來可免於身陷殺蟳困境，二來魚販殺了蟳，一翻兩瞪眼，蟳黃若不夠飽滿，雖無法退貨，至少還能再砍砍價，亡羊補點牢。

  如果看見蟳膏帶綠色，那還是卵，只不過蟳在被捕捉前吃了海藻，使得蟳黃賣相不佳。遇到這種情況，稍微泡一下水，顏色便會稍微褪去。
- 米糕選用的是長糯米，長糯米外型尖長、偏軟黏，適合用來做鹹食；圓糯米外形短圓，黏度比長糯米弱，適合用來煮甜粥，如米糕糜。紅蟳米糕的比例是一斤蟳配一斤長糯米量為佳。

料理示範：吳健豪（阿霞飯店傳人）

混合熟料與糯米時，要像拌壽司醋飯般用切的，才不會破壞糯米的完整。最後再戴上透明手套，用手感檢查一遍，以手指搓開埋藏其中的疙瘩狀的糯米糰。記得用熱糯米，糯米冷掉後就不容易拌開，此階段的重點就是耐心與一點力道。

製作小撇步

- 如果是自己處理紅蟳，剁刀與烹飪用剪刀是必須的，一般廚刀或文具用剪刀難以對付紅蟳，還可能會損壞刀具。
- 在拌炒米糕熟料時，放料雖無一定的先後順序，不過醬油要一開始就放，這樣其他炒料才容易上色。
- 剛開始無法掌握火候時，建議可以紅蟳與米糕分開製作，兩者都可單獨成為一道菜。等各自練習得差不多、火候掌握得宜時，再著手進行「紅蟳米糕」，可降低失敗率。
- 鴨蛋黃與花菇可放可不放，不過若要仿正宗的阿霞版就少不了。

_07

一味罐頭定乾坤的魷魚螺肉蒜鍋

欣葉餐廳版

材料（十人份）

臺灣芹菜梗500公克
蒜苗7枝
阿根廷乾魷魚含鬚1片（片體約35公分）
南海食品螺肉罐頭1罐（300公克）
日本花菇10朵
里肌肉片150公克
紅蘿蔔片少許
高湯 1800c.c.

【調味料】

淡色醬油2茶匙
胡椒粉少許
糖1/4茶匙
番薯粉適量

作法

1.芹菜切段、蒜苗斜切，均約4公分長，粗略過炒。

2.魷魚剁寬1公分、長5公分大小，過油瀝乾備用。

3.螺肉將汁與肉分開。

4.花菇切塊狀、過油。

5.肉片加淡色醬油、番薯粉、胡椒粉、糖抓過，過油瀝乾備用。

6.將芹菜、蒜苗放置鍋底，其餘各項依喜好排列鍋內，最後螺肉至於正中央。

7.高湯加螺汁調味煮滾，倒入螺肉鍋內。

8.續煮20分鐘即可食用。

料理示範：**陳渭南**（欣葉餐廳行政總主廚）

無論是乾的螺肉或魷魚螺肉蒜，後來都成了酒家菜裡的料理。這鍋湯品在冬天品嚐，尤其搭配濃度高的烈酒享用，風味更佳。

大廚選材

- 既然是一味罐頭定乾坤，這一味「螺肉罐頭」就得要買對才行。購買時認明至少有三十年以上歷史的日本製「双龍牌」（市價230元／270公克）。迪化街的店家說被仿冒得太嚴重，所以後來就改外包裝，價格是一般螺肉罐頭的兩倍。
- 買螺肉罐頭第一步可以先搖一搖，有的沒螺湯、光螺肉，這種就比較適合用來做下酒菜，像「金錢牌」（市價130元／260公克）。欣葉餐廳則是用「南海牌」（市價120元／420公克）。

_08

火候利刃伺候的烏魚子

真的好海鮮餐廳版

材料（五人份）

米酒少許

烏魚子1付

沙拉油少許

作法

1.如果是冰過的烏魚子，應先取出放置室溫下約2～3小時，與室溫同即可。

2.用廚房紙巾或棉花沾米酒，抹在烏魚子上。

3.剝去烏魚子外層薄膜。

4.平底鍋上抹一層薄沙拉油。

5.將烏魚子放置其上薄煎，等發出嗞嗞的聲音，代表可以翻面。

6.兩面均煎出外層香酥後起鍋，挑選利刃切片即可。

製作小撇步

- 一般餐廳為了要節省成本，因此會切得又薄又大片，如果是在家自己食用，可以切得稍微有厚度，這樣才能吃到烏魚子外層香酥、底心黏濡黏牙的口感。
- 另有酒煮法烏魚子，平底鍋裡放少許米酒或高粱酒，再將烏魚子平放入鍋，酒高不蓋過烏魚子，雙面皆煎煮一下，等酒揮發完即可起鍋。

料理示範：**柯儀淵**（真的好海鮮餐廳燒烤主廚）

烏魚子的烹調，最重要的是薄煎的過程中要注意火候，火過大容易使得烏魚子表面焦了，但裡頭的香氣卻還未盡出；火過小又會使表面不夠香酥。不過平常大家也是偶爾才有機會吃到烏魚子，因此時間點的拿捏可憑靠乾煎時「滋滋」聲當作信號，代表可以翻面了。

_09

不勾芡才美味的蔭豉蚵仔

海霸王海鮮餐廳版

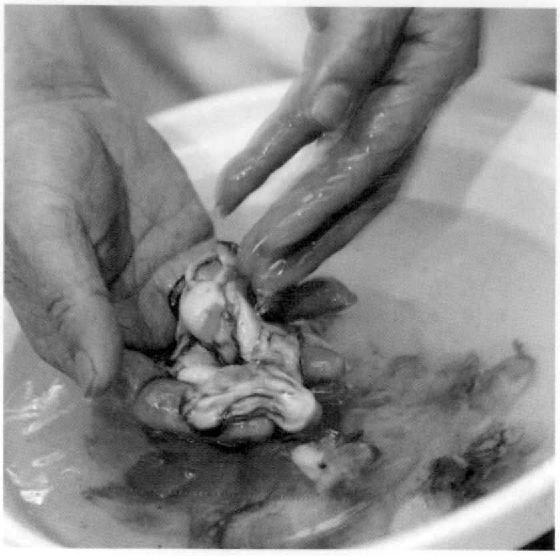

材料（四人份）

青蚵300公克

蒜苗100公克（白色與綠色各半）

乾蔭豉15公克（濕蔭豉也可）

【調味料】

醬油膏70c.c.

糖3公克

薑 5公克

辣椒 3公克

米酒、香油與白胡椒粉各少許

—— 蚵仔前置作業 ——

- 蚵仔要挑選花邊色黑、蚵肚飽滿明亮，如果蚵仔白濁而無色澤則欠佳。採用「飄挑法」清洗蚵仔，將蚵仔放入清水中，不能用手胡攪，要使雙手呈爪狀左右來回撥弄，檢查有無碎屑。如果時間充裕，可一顆顆檢查，觸摸蚵仔花邊處（櫛狀鰓），有時會有嵌在其中的碎蚵殼。之後將檢查過的蚵仔置於另一乾淨盆內，倒除髒水再重新注入清水，如此來回共清洗五次左右即可。

作法

1.煮一鍋滾水，將蚵仔放入鍋中氽燙，約5秒後撈起瀝乾備用。
2.蒜苗切成顆粒狀備用。
3.起一油鍋，將蒜苗（白色部分）、薑末、辣椒放入拌炒。
4.加入乾蔭豉一起拌炒。
5.加入蚵仔，這時不能用力翻動，動作要輕柔，持鍋輕輕晃動。
6.加入醬油膏、米酒、糖、胡椒粉。
7.加入蒜苗（綠色部分）再稍微拌炒，灑入少許香油即可起鍋。

料理示範：**莊正仲**（海霸王旗艦店副主廚）

蔭豉蚵仔要美味最重要條件就是蚵仔要新鮮，還有蚵仔洗淨後要瀝乾，最重要的是絕對不能勾芡，這才是美味的關鍵。蚵仔本身就會出水，拌炒的過程不能放水，即使米酒也只能加少許，用來去腥提味。

_10

存其味不見其形的瓜仔肉

青葉餐廳本店版

材料（一人份）

豬絞肉（五花肉）110公克

醬冬瓜14公克

蔭瓜7公克

鹹大黃瓜7公克

熟鹹蛋黃1顆

雞高湯 50c.c.

【調味料】

A.米酒、白糖各5c.c.

B.米酒、白糖、淡味醬油各5c.c.

【器具】

杯狀或碗狀物1個

玻璃紙（用於避免蛋黃與杯底沾黏，視容器大小而定）1張

作 法

1.將蔭瓜、醬冬瓜、鹹大黃瓜用調理機絞碎。

2.將絞好的材料與豬絞肉、調味料A混合攪拌。

3.將容器底部放置一張玻璃紙，放入對半切的鹹蛋黃，再填入步驟2的食材，可用湯匙沾水把填料壓平。

4.雞高湯與調味料B混合後澆在瓜仔肉上。

5.放入蒸籠蒸約25分鐘即可。

製作小撇步

- 選擇倒扣出來後形狀漂亮的模型，玻璃紙只要能填滿杯底大小即可。
- 絞肉要盡可能填平，這個步驟關乎瓜仔肉倒扣出來的底座是否平穩。

料理示範：**鄭堯旭**（青葉餐廳本店主廚）

我第一次吃瓜仔肉是在廚房裡，那時才十八歲，看到瓜仔肉剛蒸出來真的很香，忍不住就偷吃了一個，真的很好吃，這是一道作法簡單又下飯的餐廳菜。

11

必有多種配料的五柳居

蓬萊排骨酥版

材料（五人份）

黃魚 1尾（840公克）

洋蔥 1/4顆

蔥2支

紅蘿蔔1/8條

鹹菜1/6顆

辣椒少許

薑塊（或蘿蔔塊） 1個

【調味料】

A.海山醬、白醋、甜辣醬、番茄醬各半杯、糖1/4杯、水2杯。

B.沙拉油半鍋（得以浸過魚身為準）、太白粉、番薯粉、香油少許。

作法

1. 將黃魚由魚身中央開始下刀，筆直切下後見骨就朝魚頭方向橫切而不斷，接連數刀。翻至魚的另一面，同樣切法。
2. 將魚嘴塞上蘿蔔塊或薑塊，魚身裹太白粉與番薯粉，不需抓捏魚身，只要用粉輕輕覆蓋即可。
3. 起油鍋，油炸時一手抓住魚尾、一手扶住魚背，將魚頭先行入油鍋，接著魚身與油面平行地浸入油鍋中，以油溫160度熱油油炸。
4. 感覺魚身有變輕的浮上感時，便把魚身撈起，獨留魚頭繼續炸，因為魚頭體積較大且複雜，需要多一點時間油炸。炸妥後置一旁備用。
5. 起一新鍋，放入油爆炒洋蔥，直到變軟呈米色後，依序放入紅蘿蔔絲、鹹菜絲、辣椒絲稍微拌炒，加入調味料A。
6. 以太白粉水勾芡，投入蔥段與滴上數滴香油。
7. 將勾芡好的湯汁澆在炸好的魚身上即可。
8. 記得將魚嘴的薑塊或紅蘿蔔塊取下，以免露餡。

料理示範：陳國彰（蓬萊排骨酥第三代傳人）

許多魚都可以選來製作五柳居，油炸時可先在魚嘴塞入立方體的薑塊或紅蘿蔔塊，作用是將魚嘴撐開定型，這樣上桌的魚看起來就像在微笑。

製作小撇步

- 裹粉要同時具備太白粉與番薯粉，太白粉可使外皮酥脆且肉片不易斷裂，番薯粉可以增加彈性口感。
- 魚在切片時，一面的下刀處須與另一面不同位置（稍稍錯開），否則在油炸過程中，魚身容易折斷。

_12

越煮越甘甜的鳳梨苦瓜雞

錦龍土雞城版

材料（六到八人份）

大白苦瓜1條

臺東門雞半隻（約1.5公斤）

新鮮鳳梨110公克

【調味料】

小魚乾20公克

鳳梨豆醬55公克

醬冬瓜 55公克

作法

1.大火將水煮滾。

2.苦瓜、新鮮鳳梨切成適口大小。

3.將苦瓜、小魚乾、醬冬瓜、新鮮鳳梨依序放入滾水中。

4.待水再度滾開後，放入剁好的雞肉與鳳梨豆醬。

5.待雞肉熟透即可上桌。

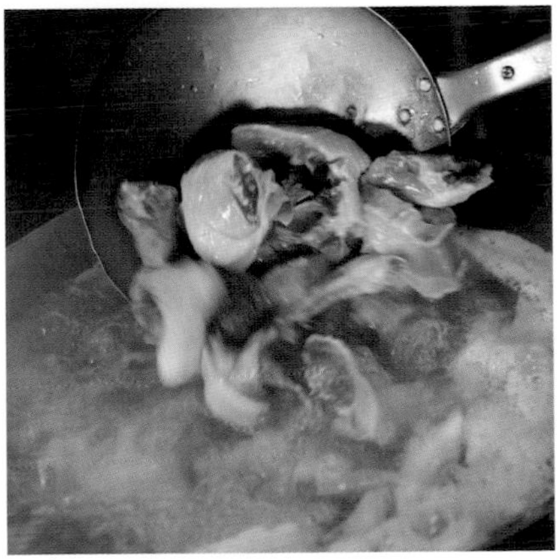

料理示範：**呂添傳**（錦龍土雞城老闆）

鳳梨苦瓜雞用的鳳梨有兩種，一種是新鮮鳳梨、一種是醬鳳梨，要兩種搭配才能使這道菜風味有層次感，而且上桌後還要用小瓦斯爐繼續煮，湯頭才會越滾轉濃。

製作小撇步

- 待水滾後再放雞肉，否則渣會較多。
- 不需要再放鹽，因為鳳梨豆醬與醃冬瓜本身都有鹹味了。

_13

工序重於一切的客家炒肉

鶴山飯館版

材料（五人份）

紅蔥酥半碗
乾魷魚1隻
五花肉600公克
長蔥1根

【調味料】

A.米酒200c.c.、醬油100 c.c.
B.米酒、醬油各50c.c.
C.米酒、醬油各5c.c.、糖1小匙

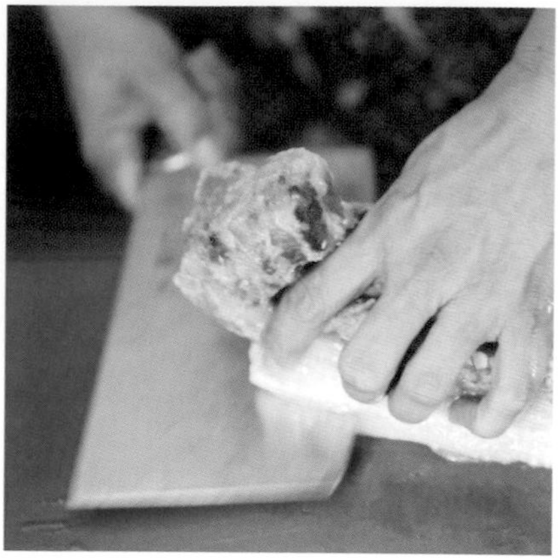

——前置作業——

〔乾魷魚〕

1.乾魷魚泡水一夜後，撕去薄膜。
2.由魷魚正中央延直線剪開，再縱向平行橫剪成段。

〔五花肉〕

1.五花肉汆燙過備用。
2.除去豬皮。
3.根據五花肉一層肥一層瘦的紋理，一層層橫向片開來，剔除帶骨處。
4.按照豬肉紋理斜切成如手指細長的豬肉條。
5.把肥肉與瘦肉分裝兩盤。

〔長蔥〕

蔥分蔥白與蔥尾，分別切段裝盤，兩者長度須與魷魚一致。

作 法

1.肥肉下鍋爆香至出油，將肥肉撈起，爆出的豬油另外盛裝。

2.用1.的豬油爆炒魷魚，加入調味料A的米酒繼續拌炒至魷魚吸收酒氣。

3.沿鍋緣加入調味料A的醬油，燜炒至收汁撈起備用。

4.用豬油爆炒瘦肉，炒至邊緣定型。

5.加入紅蔥酥、肥豬肉、魷魚絲續炒。

6.加入調味料B煮出香氣來。

7.以小火燜炒20分鐘後撈起備用。

8.以豬油爆香蔥白部分，直到炒出蔥焦香味，加入步驟7剛炒好的食材中。

9.再加入蔥尾稍微拌炒。

10.起鍋前再加入調味料C。

料理示範：**劉瑞霞**（鶴山飯館負責人）

第一次吃到客家小炒是奶奶炒的，吃到時就覺得很香很下飯，很多小孩不吃蔥，我卻反而喜歡吃蔥，因為蔥咬起來特別的香。以前是有客人來家中才會有這道菜，沒客人上門是幾乎吃不到的。

製作小撇步

- 魷魚有它的紋路，不能無序亂剪，在炒的時候會產生捲曲變形。
- 每樣食材都要爆香過，最後再放在一起炒，工序很重要，每個步驟都不能偷懶。
- 苗栗一帶客家人的作法是不加豬皮，早年若加豬皮會被長輩罵。
- 傳統作法不加糖，但現代人不喜歡吃太鹹，加一點紅糖可中和鹹味。

_14

加了蛋酥才正宗的絲魯肉

宜蘭渡小月版

材料（十人份）

香菇4～5朵
大白菜600公克
瘦肉600公克
鴨蛋3顆
蔥2根
沙拉油半鍋
高湯800c.c.
紅蘿蔔、香菜、辣椒、扁魚屑各少許

【調味料】

胡椒粉少許
醬油少許

【工具】

漏勺

作法

1.製作蛋酥：鴨蛋打成蛋汁，熱鍋熱油，使用漏勺離鍋略高處，讓蛋汁順網洞而下，遂入油鍋內，蛋便結成顆粒狀，再將其撈起瀝乾備用。

2.香菇、瘦肉、紅蘿蔔、辣椒均切絲；蔥切段、大白菜切條狀備用。

3.起油鍋，約一根份量的蔥段爆香，再放入大白菜、扁魚屑炒香。

4.接著加入400c.c.的高湯，開大火讓食材充分吸收高湯，再撒入胡椒粉。

5.另起一鍋，放入少許沙拉油與另一根蔥段炒香，再放入瘦肉絲、香菇絲、紅蘿蔔絲與辣椒絲拌炒。

6.加入醬油、胡椒粉與400c.c.的高湯，改轉小火煮。

7.將步驟6的食材倒入步驟4的湯品中。

8.起鍋後撒上蛋酥，最後點綴上香菜即可。

製作小撇步

- 肉絲特別要炒熟，否則後續製作時不容易散開，會黏成一團。
- 做蛋酥特別要注意油溫，油溫過熱會變黑，油溫不夠蛋酥會黏在鍋底，同樣也很快就會焦掉。

料理示範：**陳兆麟**（宜蘭渡小月負責人）

坊間許多都是寫「西魯肉」，但這是發音的訛誤，真正應該是「絲魯肉」，因為菜色裡的每樣料都是呈絲狀。絲魯肉最重要的就是蛋酥，要選用鴨蛋而不是雞蛋，在宜蘭多以鴨蛋取代雞蛋。宜蘭養鴨全臺聞名，絲魯肉與蛋糕都是鴨蛋做的，用鴨蛋做出來的蛋酥才會色澤夠黃、氣味夠香。

【參考資料】

1. 「八八究責／災民淹水我吃粥。薛香川：抱歉！」，2009年8月26日，東森新聞。
2. 《思古有情》大康出版社，林瑤棋。
3. 〈告別的年代／情深意重一雞蛋〉，1994年7月8日，《聯合報》34版／鄉情。
4. 〈華航空廚／推出本土風味小點心〉，1991年9月13日，《民生報》15版／生活新聞。
5. 〈西北航空本土化服務／機上推出中式餐飲〉，1993年7月6日，《民生報》19版／消費新聞。
6. 〈彭瑞雲以一罐蘿蔔乾　「騙」回劉興欽義助／打造形象商圈〉，2001年10月15日，《聯合報》18版／桃竹苗新聞。
7. 〈馬英九的飯盒〉，1999年2月11日，《聯合晚報》17版／春節吃喝特刊。
8. 〈阿丹辦「窮人的晚餐」〉，1995年11月17日，《聯合晚報》05版／立委選舉特別報導。
9. 〈家畜市場配豬甚少／私肉充斥市面〉，1952年12月4日，《聯合報》05版。
10. 〈陽明山區／豬肉理髮加價〉，1961年2月2日，《聯合報》02版。
11. 〈西瓜跌得最慘／主婦垂青牛肝〉，1967年5月21日，《經濟日報》03版／市況。
12. 〈卡巴得抗生素證實易致癌〉，1982年4月12日，《聯合報》03版。
13. 〈選菜要夠台／粉肝擠下燻花枝〉，2001年4月27日，《聯合報》A05版。
14. 〈蔡武義涉賄選案再傳六十名證人〉，2002年3月12日，《聯合報》20版／雲嘉南綜合新聞。
15. 〈由虱目魚到蝦子，水產養殖業前途無量〉，1976年3月21日，《經濟日報》11版／經濟副刊。
16. 〈一年之計在於「冬」！烏魚汛期話烏魚〉，1952年12月22日，《聯合報》06版／聯合副刊。
17. 〈那段日子，海上逐烏金〉，2002年1月21日，《聯合報》21版／鄉情。
18. 〈兩菲警擊斃我漁民／殺人罪起訴〉，2006年7月1日，《聯合報》C1版／台東・文教。
19. 〈最後的烏魚船〉《天下雜誌》第436期，2009年12月2日。
20. 〈我創世界試驗紀錄／烏魚完全養殖成功〉，1976年1月21日，《聯合報》02版。
21. 《中華民國台閩地區漁業統計年報》，行政院農業委員會漁業署，2009年。
22. 《牡蠣養殖發展之研究——以台南市牡蠣養殖區為例》，吳育勳。
23. 〈央視「海峽往事」首播／片頭曲青蚵嫂〉，2011年2月22日，《聯合報》A11版／兩岸。
24. 〈台灣蚵較Q／紙肚戳就破大陸蚵鬆軟／整粒是白的〉，2006年10月22日，《聯合報》A6版／生活。
25. 《牡蠣養殖發展之研究——以台南市牡蠣養殖區為例》，吳育勳。
26. 《台閩地區漁業統計年報2010年版》，行政院農委會漁業署。

27. 〈二仁溪口污染再蔓延／養殖草蝦也大量死亡〉，1986年4月13日，《聯合報》03版。
28. 〈百位耆老／草根的建國百年心願〉，2011年2月7日，《聯合報》A8版／話題。
29. 《戀戀客家味》，苗栗縣文化局編印。
30. 《食物消費中的國家、階級與文化展演日治與戰後初期的——「台灣菜」》，陳玉箴。
31. 《南方飲食掌故》，竟鴻。
32. 《我的家鄉大樹鄉》，羅景川。
33. 《台灣的鳳梨》，行政院農業委員會農業試驗所。
34. 客委會官網。
35. 〈懷舊美食／菜尾成招牌菜〉，2001年2月16日，《民生報》CR4版／中臺灣風情。
36. 《食物消費中的國家、階級與文化展演：日治與戰後初期的「臺灣菜」》，陳玉箴。
37. 《食物消費中的國家、階級與文化展演：日治與戰後初期的「臺灣菜」》，陳玉箴。
38. 《江山樓．臺灣菜．藝妲》，吳瀛濤。
39. 〈蓬萊閣大酒家〉，《吃在台北》八月號，翁雲霞。
40. 〈臺灣的宴席及其他〉，《臺灣風俗誌》第十二章。
41. 〈基隆特業女從業員／廿六日集訓〉，1951年9月24日，《聯合報》07版。
42. 〈九月份的筵席捐／全省減一成八〉，1959年11月2日，《聯合報》05版。
43. 〈「酒」逢知己／稅加「成半」〉，1964年4月9日，《聯合報》03版。
44. 酒家部分：（1）一年納稅總額100萬元以上，營業面積500平方公尺以上，列為甲級，課征年費30萬元。（2）一年納稅總額50萬元以上，營業面積300平方公尺以上，列為乙等，課征年費20萬元。（3）一年納稅20萬元以上，營業面積100平方公尺以上，列為丙等，課征年費15萬元。（4）一年納稅未滿二十萬元，營業面積未滿100平方公尺，列為丁等，課征年費10萬元。「酒家酒吧許可年費　警局訂定分級標準」1973年1月18日，《聯合報》07版。
45. 酒家：甲級每家年繳新台幣150萬元，乙級每家年繳新台幣100萬元，丙級每家年繳新台幣75萬元，丁級每家年繳新台幣50萬元。「北市議會通過提案特定營業許可年費新年度起提高五倍」1974年6月27日，《經濟日報》02版。
46. 〈調整筵席娛樂稅案／議會三讀通過〉，1976年1月22日，《聯合報》06版。
47. 酒家：甲級450萬元、乙級300萬元、丙級250萬元、丁級150萬元。「特定營業許可年費盼准分季繳納」1979年11月16日，《聯合報》07版。
48. 〈土雞城／豬事不妙〉，1995年2月15日，《聯合報》15版／都會掃描。
49. 《食物的歷史》P.17。
50. 《食飽吉》P.110。。
51. 《食飽吉》P.42
52. 〈竹科另一頭前溪蝸牛戶／天天吃「牛排」〉，2010年10月2日，《聯合報》A12版／話題。

臺味：從番薯糜到紅蟳米糕

2018年6月二版
2022年5月二版二刷

定價：新臺幣420元

著　　者	陳　靜　宜
叢書主編	林　芳　瑜
特約編輯	姚　俐　彣
美術設計	劉　亭　麟

出版者	聯經出版事業股份有限公司	副總編輯	陳　逸　華
地址	新北市汐止區大同路一段369號1樓	總編輯	涂　豐　恩
叢書主編電話	(02)86925588轉5318	總經理	陳　芝　宇
台北聯經書房	台北市新生南路三段94號	社長	羅　國　俊
電話	(02)23620308	發行人	林　載　爵
台中辦事處電話	(04)22312023		
台中電子信箱	e-mail:linking2@ms42.hinet.net		
郵政劃撥帳戶	第0100559-3號		
郵撥電話	(02)23620308		
印刷者	文聯彩色製版印刷有限公司		
總經銷	聯合發行股份有限公司		
發行所	新北市新店區寶橋路235巷6弄6號		
電話	(02)29178022		

行政院新聞局出版事業登記證局版臺業字第0130號

本書如有缺頁，破損，倒裝請寄回台北聯經書房更換。　ISBN 978-957-08-5135-9 (平裝)
聯經網址 http://www.linkingbooks.com.tw
電子信箱 e-mail:linking@udngroup.com

國家圖書館出版品預行編目資料

臺味：從番薯糜到紅蟳米糕／陳靜宜著．二版．
新北市．聯經．2018.06．232面．17×23公分
ISBN 978-957-08-5135-9（平裝）
[2022年5月二版二刷]

1.飲食風俗　2.食譜　3.臺灣

538.7833　　107009249

【臺味俚語】

食飯果真皇帝大，處處是人生道理

【說吃】

◎**甜粅粅**（tinn but but）：形容很甜的口感。

◎**苦嗲嗲**（khoo teh teh）：形容很苦的口感。

◎**鹹咚咚**：形容很鹹的口感。

◎**芳貢貢**（phang kong kong）：形容很香的氣味。

◎**臭咪吒**（tshau mi mo）：形容很臭的氣味。

◎**酸扭扭**（sng giuh giuh）：形容很酸的口感。

◎**飫嗲嗲**（khiu teh teh）：形容很Q、彈牙的口感。

◎**燒糜傷重菜**：吃熱稀飯會需要很多的配菜。

◎**食飯皇帝大**：沒甚麼事比吃飯更重要。

◎**菱角喙，無食喘大喟**：愛吃鬼，沒得吃便氣呼呼。

◎**少食較滋味，濟食無趣味**：食物細品能多體會滋味，多食反而無益。

◎**食了會紲（sua）喙**：吃了想會想要再吃。

◎**垃圾食垃圾大**：不乾不淨吃了沒病。

◎**一頓久久、兩頓相抵**：因忙碌而餐無定時，兩餐當一餐吃。

◎**腳手慢鈍食無分**：手腳太慢的話就吃不到。

◎ **食乎死，毋通死無食：**寧可吃到撐死，也不要到死都沒得吃。

◎ **有毛食到棕簑，無毛食到秤錘：**意指無所不吃，有毛的東西連蓑衣都吃，沒毛的東西連秤錘都吃。指人是好吃鬼。

◎ **食魚食肉，也著菜佮：**有魚有肉也要有配菜才行，飲食要均衡。

◎ **食飯配話：**告誡人吃飯要專心吃，不要邊吃邊講話。

◎ **一食二穿：**身為人最重視的基本就是吃與穿。

◎ **食甜甜，明年生後生：**喜宴常用祝福用語，意指吃完甜食得以早生貴子。

◎ **腳骨長有食福：**用來揶揄剛好趕上吃大餐的來客，意思說對方很有口福。

◎ **第一看喙齒、第二賣涼水：**最賺錢的行業，首先就是牙醫，其次就是賣冰飲的。

◎ **千辛萬苦就是為了這個腹肚：**這麼辛苦地討生活，就是為了三餐溫飽。

◎ **食，山珍海味；穿，綾羅紡絲：**形容富貴人家吃好穿好。

◎ **冰糖喙，麥芽膏手：**勉業務人員要嘴巴像冰糖甜、要像麥芽糖那樣對客戶緊追不放。

◎ **老人食紅蟳：**管（講）也沒效。老人牙口不好，即使給他紅蟳的蟳腳，也因為都是硬殼而也咬不動。

◎ **相分食有伸**（tshun）**，相搶食無分：**分著吃不僅有得吃，還會有剩餘，若搶著吃可就會人人沒飯吃。

◎ **會算袂曉除，糴米換番薯：**算術不好，拿高價的米去跟別人換低價的番薯回來。

【飲食男女】

◎ **查埔愛食望人請，查某愛食望生囝**：男人想吃大餐就要依賴別人請客，女人若想吃大餐，就要等生小孩坐月子。引申男人若想要有好將來就要有工作，女人想要有好將來肚子就要爭氣。

◎ **毋相棄嫌，菜脯根罔咬鹹**：指夫妻要相互扶持，同甘苦共患難過日子。

◎ **食飯扒清氣，才袂嫁貓翁**：飯碗裡的飯吃乾淨，才不會嫁到麻子臉丈夫。勸人要珍惜食物。

◎ **嫁著刣豬翁，無油煮菜嘛會芳**：老公是殺豬的，就算炒菜不加油都會有油香。隱喻享近水樓台之便，不管如何總多少有好處可撈之意。

【放輕鬆】

◎ **食予飽飽、激予槌槌：**要人吃得飽足、裝傻度日，不要太計較。

◎ **時到時擔當，無米煮番薯湯：**意指船到橋頭自然直。

◎ **趁也著趁，食也著食：**勸人不要廢寢忘食地工作，要重視生活步調。

◎ **好也一頓，歹也一頓：**食物好壞都是一餐，開心也是一天、不開心也是過一天，勸人不要太計較。

◎ **食緊挵（long）破碗：**吃得太快手沒拿穩，碗反而會摔破，指欲速則不達。

◎ **有著吃，無著煞：**有得吃就吃，沒得吃就拉倒，不強求、一切隨緣。

【生活智慧】

◎ **有錢食鮸，沒錢免食**：有錢時就吃鮸魚，沒錢時就甚麼都不用吃。引申平時不要太揮霍，否則當失意時就身無長物。

◎ **有時省一口，無時有一斗**：有居安思危之意，平常有錢時就要懂得儲蓄，萬一沒收入時至少身邊還會有點積蓄。

◎ **十二月食菜頭，六月就轉嗽**：暗指如果種了因，加以時日必會有果。

◎ **人無親，食上親**：很多人不見得是好朋友，只是當有酒有肉時才會聚靠過來，暗指一些人是酒肉朋友。

◎ **任你妝，也是赤崁糖**：赤崁糖就是黑糖，不管如何掩飾，也無法改變原貌。

◎ **食飯配菜脯，儉錢開查某**：指人省吃儉用，卻把省下來的錢用來花天酒地。

◎ **食是福，做是祿**：指做人要惜福，有健康身體能吃喝、有好的體力能做事，就是一種福份。

◎ **草地人驚掠，府城人驚食**：鄉下人怕政府官員找碴，都市人則怕被食量大的鄉下人吃垮。

◎ **仙屎毋食、食乞食屎**：指責人不識抬舉，敬酒不吃吃罰酒。

◎ **乞食身皇帝喙**：說話內容過度渲染，與身分不符。

◎ **食旺偷提衰**：用來告慰自己，同樣是分享但意義大不同；遭人吃是能招來旺氣，遭人竊則會招來厄運。

◎ **烏矸仔貯豆油**：黑瓶子倒入黑醬油，意指讓人看不出原來實力這麼好。

◎ **恬恬吃三碗公半**：做事低調但很有能力。

◎ **嘔殕梨子假蘋果**：贗品充當真品，有暗指人表裡身分不一。

◎ **人肉鹹鹹**：喻人耍賴，抱持著「諒你拿我沒轍」的態度。

◎ **未食五日節粽，破裘毋甘放**：表示在端午節前天氣有時還會很冷，保暖外套還是隨時備妥較好。

◎ **做豬食潘（phun），做媽搖孫**：當豬就好好吃餿水、當祖母的就好好照顧孫子。喻做人要安分守己，做好分內的事。

◎ **食翁的坐咧食，食囝的跪咧食**：依賴丈夫生活是應當理得，但別想指望靠後生晚輩，不肖晚輩很多，千萬別打如意算盤。

◎**食飯食阿爸，趁錢積私奇（khia）**：吃喝就靠家裡，賺錢就自己存私房錢，不會用來孝敬父母。

◎**食碗內洗碗外**：接受朋友的恩惠，卻做出背叛朋友的事，吃裡扒外，有忘恩負義之意。

◎**也著箠，也著糜**：箠是一種馬鞭，也就是要軟硬兼施、雙管齊下。

◎**毋識（bat）一顆芋仔番薯**：芋頭跟番薯雖然長得很像，但兩者是完全不同的東西，暗批人外行。

◎**桌頂食飯，桌腳講話**：指飯桌上接受招待，但下了桌卻說人家閒話，有忘恩負義之意。

◎**甘蔗粕，哺無汁**：暗諷人沒有才學，像已經乾了的甘蔗渣，再咬也沒有汁液。

◎**先苦後甜，富貴萬年**：抱持著先吃苦後享樂的人生態度，才可能擁有長久的富貴。

◎**食飯食碗公，做穡閃四方**：飯吃得多，但遇到要幹活就閃得比別人快，只願意得到好處卻不願意付出。

◎**食飯食到流汗，做穡做到畏寒**：吃飯吃得盡興到滿身大汗，但遇到要做事就全身冒冷汗，比喻人好吃懶作。

◎ **膨風水蛙無肉**：鼓脹兩頰的青蛙殺了也沒甚麼肉，比喻人空有其表。

◎ **食飽睏，睏飽食**：吃飽睡睡飽吃，說人渾噩過活。

◎ **九頓米糕無上算，一頓冷糜抾（khioh）去囥（khng）**：平常對人好被視為理所當然，但稍有不順人意之處就被不斷責備，做十件好事抵不過一件錯事。

◎ **嘴闊食四方**：比喻人很吃得開。

◎ **三碗飯、兩碗菜**：比喻夫妻即使不富裕，也要能相互扶持過日。

◎ **麵線摻鹽，你也罵；豆簽無摻鹽，你也罵**：麵線原本就有鹹味，被你嫌；豆簽原本就沒有鹹味也被你嫌，動輒得咎的意思。

◎ **人情世事陪夠夠，無鼎擱無灶**：過於熱心助人而無節度的話，就會連得自己的本也賠進去。

◎ **舊籠床好炊粿，舊柴草好燃（hiann）火**：人還是老的好，東西，還是舊的好。

◎ **食人夠夠**：狠占人家便宜而不留一點餘地。

◎ **敢的就挾去配**：只要夠大膽、企圖心夠強，就敢去爭取自己想要的東西。

◎ **食苦當作食補**：吃苦就當作是在吃補，不把吃苦當作負面的事來看待。

◎ **食好湊（tau）相報**：跟別人分享好的經驗，做好口碑。

◎ **食果子拜樹頭**：比喻人要懂得飲水思源。

◎ **家己褒才不會臭臊**：老王賣瓜、自賣自誇。

◎ **趁也著趁、食也著食**：要做事也要懂得休息，不要為了工作而罔顧身體健康。

◎ **食肉滑（kut）溜溜、討錢面憂憂**：比喻吃大魚大肉時很開心，等被追債時才知道痛苦。

◎ **食米，毋知米價**：天天吃飯卻不知道米的行情價，比喻人不知人間疾苦。

◎ **六月刈菜假有心**：農曆六月時，芥菜成長速度快，菜心尚未長大長肥就很快開花凋謝，此時的菜心並不適合用來做醃漬，後被用來指人虛情假意。

◎ **食人一斤，也著還人四兩**：做人要懂得知恩圖報。

◎ **偷割稻，捨施糜**：偷割別人家的稻穀，再用來煮粥施捨濟人，指人偽善。

◎ **食尾牙面憂憂，食頭牙撚喙鬚**：牙是指打牙祭，頭牙是農曆二月二日，如果老闆一年之初就請員工吃飯，代表公司生意不錯；如果到了尾牙才請員工吃飯，還要擔心會不會被革職。早年有傳統，尾牙有道菜是雞料理，當雞頭對著誰，那人便心知肚明，過完年後要回家吃自己。

◎ **老人食麻油：**老（鬧）熱。老人加上燥熱的麻油，諧音就成了熱鬧之意。

◎ **甘蔗歸欉哺：無站**（tsam）**無節**（tsat）。甘蔗有節，通常會把甘蔗砍段分節，整欉咬就無站無節，取其諧音指人沒分寸之意。

◎ **開粿，發傢伙：**粿口裂開，象徵家運會蓬勃發展、更加興旺之意。

◎ **在生一粒土豆，較贏死了拜一粒大豬頭：**讓父母在世時吃一粒花生米，也勝過過世後拜個大豬頭。勸人行孝要即時。

◎ **做賊，袂瞞得鄉里；偷食，袂瞞得喙齒：**當小偷的人，行徑詭異容易被左鄰右舍發現；偷吃即使沒被發現，也瞞不過自己的唇齒。意指若要人不知，除非己莫為。

◎ **偷食，無擦喙：**偷吃也不擦嘴，意指做壞事也不懂得湮滅證據。

◎ **豆油分你搵，連碟仔煞欲捧去**：醬油借給別人沾食，卻連醬油碟子也被拿走。意指給對方方便，對方卻得寸進尺。

◎ **做官若清廉，食飯著攪鹽**：意指當清官沒有油水可撈，吃不了山珍海味，就只拌鹽吃飯。

◎ **豬肚煮湯嫌無菜，土豆擘爿你著知**：有豬肚湯喝還抱怨菜色差，等到只剩半邊花生可吃時，就知道有得吃是多麼珍貴的事了。喻人要懂得知福惜福。

◎ **飯匙貯泔**（te am）：飯匙是平的，但粥汁是水狀，要用飯匙取粥汁就不好裝取——指音似地名「澳底」。

◎ **喙飽，目睭枵**（iau）：笑人嘴上說飽了，但眼睛仍眼巴巴地盯著桌上的菜，諷人心口不一。

臺味
——從番薯糜到紅蟳米糕

陳靜宜◎著

2011 年 8 月出版

聯經出版事業公司

110 台北市基隆路一段 180 號 4 樓 Email：linking@udngroup.com
聯經網路書店：www.linkingbooks.com.tw
聯經出版文化空間：linkingbooks.pixnet.net/blog
facebook、twitter、plurk 搜尋關鍵字：聯經

台北　忠孝門市
電話：(02)2762-7429、27683708 分機 352
地址：11005 台北市忠孝東路四段 561 號 1 樓

台北　新生門市
電話：(02)23620308、23630803
地址：10673 台北市新生南路 3 段 94 號 1 樓

中南部服務
電話：(04)22312023
地址：40459 台中市健行路 321 號 1 樓

郵政劃撥
劃撥帳號：01005593．戶名：聯經出版公司